广告创意与表现

第二版

主　编　庄黎　康娟
副主编　李萌欣　唐映梅　张红辉　罗昭信

高等院校艺术学门类
"十四五"规划教材

ART DESIGN

华中科技大学出版社
http://www.hustp.com
中国·武汉

内 容 简 介

本书包括七章内容：广告创意与表现课程概述，广告原理，创意基础，广告创意，广告创意的表现手法，广告创意中的材质运用，广告创意训练及实践。本书既有广告创意与表现的基础知识，又有广告创意与表现的具体实例，能够引导读者较快地掌握广告创意与表现的技能。

图书在版编目(CIP)数据

广告创意与表现/庄黎，康娟主编. —2版. —武汉：华中科技大学出版社，2021.1(2023.8重印)
ISBN 978-7-5680-6838-3

Ⅰ.①广… Ⅱ.①庄… ②康… Ⅲ.①广告学-教材 Ⅳ.①F713.80

中国版本图书馆 CIP 数据核字(2021)第 005652 号

广告创意与表现(第二版) 庄黎 康娟 主编
Guanggao Chuangyi yu Biaoxian (Di-er Ban)

策划编辑：彭中军
责任编辑：段亚萍
封面设计：优　优
责任监印：朱　玢
出版发行：华中科技大学出版社(中国·武汉)　电话：(027)81321913
　　　　　武汉市东湖新技术开发区华工科技园　邮编：430223
录　　排：武汉创易图文工作室
印　　刷：湖北新华印务有限公司
开　　本：880 mm×1230 mm　1/16
印　　张：6.5
字　　数：210千字
版　　次：2023年8月第2版第4次印刷
定　　价：48.00元

本书若有印装质量问题，请向出版社营销中心调换
全国免费服务热线：400-6679-118　竭诚为您服务
版权所有　侵权必究

目录
Contents

第 1 章　广告创意与表现课程概述　　　/ 1

第 2 章　广告原理　　　/ 6

第 3 章　创意基础　　　/ 18

第 4 章　广告创意　　　/ 34

第 5 章　广告创意的表现手法　　　/ 56

第 6 章　广告创意中的材质运用　　　/ 75

第 7 章　广告创意训练及实践　　　/ 83

参考文献　　　/ 100

Guanggao Chuangyi yu Biaoxian

第 1 章
广告创意与表现课程概述

一、课程概述

"广告创意与表现"是国内艺术院校视觉传达专业本科课程体系中的一门重要专业课程。从课程名称上看,"广告"两字反映的是媒介内容,即通过特定媒介方式实施"一点对多点"或"多点互动"的信息传播行为及过程(见图1-1和图1-2);"创意"两字涉及的是思维层面的问题,即寻求独特的想法,将普通事物置于一个新的视角上进行诠释与说明(见图1-3至图1-5);而"表现"两字关注的是方法、手段、方式、途径的问题,即如何利用特定媒介,将独特想法进行视觉呈现(见图1-6至图1-9)。上述三个关键词很好地诠释了该课程的基本框架及内容递进关系。

图1-1 世界艾滋病日公益广告活动

图1-2 维多利亚"反对乱扔烟头"公益活动

图1-3 自行车月公益广告1

图1-4 自行车月公益广告2

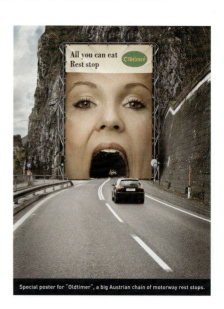

图1-5 诠释与说明

图 1-6　视觉呈现 1

图 1-7　视觉呈现 2

图 1-8　视觉呈现 3

图 1-9　视觉呈现 4

二、课程内容

课程内容分为三大块，即广告原理（第 2 章）、创意原理（第 3 章至第 6 章）、创意实践（第 7 章）。广告原理板块系统讲授广告传播行为及过程的特性、广告效果实现原则，以及广告人的能力培养等若干问题；而创意原理板块则从对创意行为实质的探讨开始，进而深入地研究与把握创意规律，最终实现创意想法与广告媒介的对接；创意实践板块，则是根据读者现有专业知识能力，有针对性地设置若干创意实践课题，引导读者在限定性情境中展开对创意手法、实施途径的探讨。（见图 1-10 和图 1-11）

图 1-10　英国伦敦设计博物馆 1

图 1-11　英国伦敦设计博物馆 2

三、课程教学目的

通过引导读者在充分学习广告与创意相关原理的基础上,以特定广告媒介形式为载体,进行创意思维与创意表现手法的研究与尝试,进而使读者明晰与掌握广告创意实施中形态创意与文案创意的基本原则与方法,搭建起一个完整的、高效的、可实施性强的创意思维体系。

四、课程教学目标

(1)引导读者掌握广告基本原理及创意基本流程。

(2)从对创意"形"与"态"的研究转变为对创意语境的全方位研究,引导读者深入领悟创意相关原理及合理、高效的创意思维过程。

(3)引导读者学会利用与控制媒介,进行创意思维与创意表现手法的研究与尝试。

本课程重点:树立一种全面的对事物形态及创意语境的认识思路,培养一种能动的寻求和捕捉事物间联系的思维习惯,进而为创意的获得与实施奠定基础。

本课程难点:合理、高效的创意思维体系的搭建及多解决方案的提出。

五、课程学时安排

本课程总学时数为 48 学时,具体安排如下。

1. 课堂讲授：16 学时

(1)广告原理讲授。
(2)创意原理讲授。
(3)经典广告创意案例评析。

2. 实训及指导：16 学时

(1)发散思维实训及点评。
(2)形态创意与文案创意实训及点评。

3. 广告创意与表现实战：14 学时

(1)限定性命题设计。
(2)要求利用发散思维，寻找多解决方案；推敲并形成最终提案。

4. 考评：2 学时

(1)讲评与总结。
(2)按作业要求与考核标准评定成绩。

六、教学方法与手段

(1)采用理论学习与实训演练、方案陈述与作品分析、集体讲授与个别辅导相结合的教学方法。
(2)采用板书与多媒体课件教学相结合的手段。

七、作业要求与考核标准

1. 作业要求

(1)基础实训：事物形态同构练习，事物形态语义练习，限定性主题创意实训。
(2)命题实战：限定性主题与媒介创意实战。

2. 考核标准

(1)创意独特性：30%。
(2)创意成熟度：20%。
(3)创意扩展度：20%。
(4)表现手法：20%。
(5)学习态度：10%。

Guanggao Chuangyi yu Biaoxian

第 2 章
广告原理

一、什么是广告

广告是一种意识,是一种手段,是一种工具。它是广告主为了吸引自己现有顾客和潜在顾客并与他们保持联系的一种意识,是促进流通环节和催生消费行为的有效手段。我们也可以把广告具体化、形象化为任何一种媒介工具。

当然,最初的广告是产生在平面媒体上的,比如宋代济南刘家功夫针铺印记,就是中国迄今为止所发现的最早的广告(见图2-1)。其上部文字为"济南刘家功夫针铺";中部文字为"认门前白兔儿为记"。显然,无论是从形式还是从内容看,刘家针铺的这则印记,已完整地具备了广告的最基本特征——引起注目和告知功能。中国现代的平面广告出现在20世纪初。如图2-2所示是当时刊登在《申报》上的题为"国人爱国,请用国货"的广告,该广告明确地表达出,在日寇侵华的时代背景下,号召全体国人抵制日货、支持抗日的主张,具有那个时代直接明了的广告风格。而真正作为中国现代广告代表的,还应属大上海背景下的各种商业广告(见图2-3至图2-7),其写实性的细腻表现手法,在直观展现商品信息的同时,其广告画面具有了更多审美意味的考量与构思,具有了更多的视觉美感。不难发现,上述这些广告中所代言的产品或画面形象有很多直接来自欧美。实际上,中国广告从近代开始就是在深受欧美文化影响下成长起来的(见图2-8至图2-13)。

正因为广告发端于平面,才有现代广告之父亚尔伯特给出的定义:"由因果关系驱使的印刷形式的推销术"。当然,随着技术的进步和媒体的发展,从今天来看,这种对广告的认识显然很片面和不准确,但至少它揭示了广告行为的本质就是一种有因有果的推销过程。

推销是一种传播行为、公关行为、劝服行为,也是一种营销过程,是发生在卖者与受众之间的信息发送与接收过程。

从今天的广告发生与发展水平来对其做一个明确的诠释,可以这样理解:广告是由可识别的出资人通过各种媒介进行的有关产品(商品、服务和观点)的、有偿的、有组织的、综合的、劝服性的、非人员的信息传播活动与过程。(见图2-14至图2-16)

图2-1 济南刘家功夫针铺印记

图2-2 《申报》上的抗日爱国广告

图 2-3 老上海商业广告

图 2-4 1948 年绘有好莱坞明星 Lana Turner 的广告牌

图 2-5 1949 年上海某服装百货商店

图 2-6 民国时期老广告

图 2-7 1949 年前钻石牌手表的广告

图 2-8 早期可口可乐广告 1

图 2-9 早期可口可乐广告 2

图 2-10　早期可口可乐广告 3　　　　　　　图 2-11　早期的肥皂广告

图 2-12　早期的香烟广告　　　　　　　图 2-13　早期的钟表广告

图 2-14　罗马尼亚"ADfel 不一样的广告展"的广告宣传创意

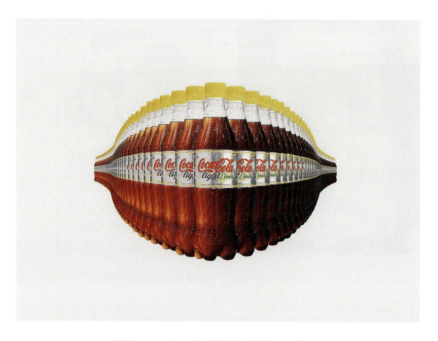

图 2-15 可口可乐广告的独特视觉效果

图 2-16 "不要忘记创意"2011 年
中国 4A 金印奖宣传海报

二、广告传播过程

什么是传播？传播是人与人之间，人与所属的群体、组织和社会之间，通过有意义的符号所进行的信息传递、接收与反馈行为的总称。简言之，传播即信息的传递、接收与反馈。

可以将人类普遍存在的信息传播过程归纳为如下模式：信源—编码—信息—渠道—解码—受者。广告作为一种目的在于引导与劝服的信息传播行为，是完全吻合上述模式的。对广告而言，信源就是出资人，信息就是广告，渠道是媒介，而受者就是现有消费者和潜在消费者。因此，对广告的学习和研究，是需要关注这一过程中的每一个环节的，而不仅仅是广告画面本身。换句话说，每一个具体广告创意的诞生，都会涉及特定的因果关系，这就是现在经常提到的一个词：语境。广告信息的创作，必须符合它所对应的传播语境。美国学者 H.拉斯韦尔在《社会传播的结构与功能》一文中首次提出构成传播过程的五种基本要素，即"5W 模式"或"拉斯韦尔程式"。这五个 W 分别是英语中五个疑问代词的第一个字母，即 who（谁），says what（说了什么），in which channel（通过什么渠道），to whom（向谁说），with what effect（有什么效果）。"5W 模式"表明传播过程是一个目的性行为过程，具有企图影响受众的目的。因此传播过程是一种说服过程，其中的五种基本要素正是传播活动得以发生的精髓。

三、广告传播效果

我们总能从不同渠道听到这样一句话："从我们出生的第一声啼哭开始，我们的生存便要倚仗我们告诉别人、劝服别人、吸引别人注意的能力。"用这句话来诠释传播的目的和意义再恰当不过了。从某种角度上说,婴儿的啼哭就是一种信息的传递。而广告,作为信息传播的载体,更是将诉求和吸引方式的独特性作为自身生存之本。通常来说,我们会从三个层面来评价广告的优劣,即广告传播的心理效果、广告的经济效果及广告的社会效果。

1. 广告传播的心理效果

广告传播的心理效果指广告呈现后使受众产生的各种心理效应,包括感知、记忆、思维、情绪情感及态度、动机、行为等诸多心理方面所受的影响。这就需要广告创意内容及表现形式能充分贴近广告受众的生活、工作及休闲娱乐状态,能使受众在产生价值观认同感的前提下,产生对广告信息的有效记忆与识别。如图 2-17 所示是可口可乐公司在巴黎投放的一则题为"新的握瓶感受"的车站站台广告,该创意出人意料地将广告印制在尼龙搭扣材质上,当等车的乘客碰到广告时,其衣物就会被粘上。通过这种小趣味,既能生动地贴合"grip",又能与受众产生互动,使其增加对广告信息和品牌的有效记忆。

图 2-17　可口可乐"新的握瓶感受"车站站台广告

2. 广告的经济效果

广告的经济效果即基于广告活动而带来的企业产品销售及利润的变化。对商业广告的出资人即广告主而言,经济效果往往是其追求的首要目标。而对广告创作者而言,需要做的就是针对特定的消费群体,尽可能用符合当前社会主流意识形态和大众审美观念的方式和手段促进这一目标的实现。我们总说要雅俗共赏,对广告而言,不一定是"雅俗",但一定要"共赏"。(见图 2-18 至图 2-22)

图 2-18　别出心裁的可口可乐户外广告创意 1

图 2-19　别出心裁的可口可乐户外广告创意 2

图 2-20　史威士碳酸饮料广告

图 2-21　骆驼牌香烟广告 1

图 2-22　骆驼牌香烟广告 2

3. 广告的社会效果

广告的社会效果指广告对于整个社会的文化、伦理道德、价值取向等方面的影响。通常来说，不论是商业广告，还是公益广告，所传达的广告信息的文化、伦理道德和价值取向都应该是正面的，有时候是通过弘扬的方式传递正能量，有些则是通过披露与批判，来引发受众的关注与社会舆论的谴责。如图 2-23 所示是可口可乐公司的一则户外广告，主题为"可口可乐致力于携手世界自然基金会一起挽救我们的地球"。广告牌上植满了草，并用负形留白的方式塑造出了一个可口可乐瓶的形态，辅以一句简洁明了的文案"这个广告

图 2-23　可口可乐"挽救我们的地球"户外广告创意

牌可以吸收空气污染物"。可口可乐的这则广告,既产生了倡议大家共同关注环境问题的社会效益,又使得企业品牌形象在宣传正面价值取向和道德观念的过程中得到进一步加强,为企业带来潜在经济效益。对广告出资人而言,能够将品牌特征、产品特性与社会公益话题相结合,无疑是实现广告效益最大化的不二选择。比如,可口可乐也是历届奥运会的最大赞助商之一,通过赞助像奥运会这样的大型盛会来建立和巩固积极、正面的品牌形象,是包括可口可乐在内的很多国际知名企业的常用策略(见图 2-24 至图 2-30)。

图 2-24　可口可乐奥运会海报 1

图 2-25　可口可乐奥运会海报 2

图 2-26　可口可乐奥运会海报 3

图 2-27　可口可乐奥运会海报 4

图 2-28　可口可乐奥运会海报 5

图 2-29　可口可乐奥运会海报 6

图 2-30　可口可乐奥运会海报 7

四、广告传播致效四环节

一则成功的、有效的广告，一定是诞生于对受众的深入洞察之上，并能引发受众共鸣，直击受众潜意识中的功能及情感诉求，进而引导其做出抉择。无论是何种广告，都可以将其效果呈现过程用 AIDA 法则来进行诠释，即 attention(引起注意)—interest(产生兴趣)—desire(培养欲望)—action(促成行动)。当然，也有人对 AIDA 法则另作如下解释：

A——awareness of needs & wants(对需求的认识)；

I——interest/information research on a specific product(对具体产品的兴趣及信息研究)；

D——decision making(做出决定)；

A——action (purchase the product that they want)(购买行为)。

无论哪种诠释，其实说的都是一个意思，即感知—理解—确认—行动，这就是广告传播致效四环节。

感知——信息必须首先引人注目，然后才有可能取得效果。有很多广告运用夸张手法来强化产品效能、性质等，以获取足够的视觉震撼力与感知可能性。如图 2-31 所示的芥末味青豆广告和图 2-32 所示的特大汉堡广告，都属于这一类。还有很多广告则是发现或构建一些与主题相关，并且在生活中可能会出现的偶然性，通过艺术加工呈现出来，显示出很强的视觉趣味性和生活情趣，以此吸引目光。如图 2-33 所示的索尼随身听广告、

图 2-34 所示的麦当劳早餐广告、图 2-35 和图 2-36 所示的 Parx 男装网站广告,都属于这一类。

图 2-31　芥末味青豆广告

图 2-32　特大汉堡广告

图 2-33　索尼随身听广告

图 2-34　麦当劳早餐广告

图 2-35　Parx 男装网站广告 1

图 2-36　Parx 男装网站广告 2

　　理解——受者注意到信息后,必须对其理解并产生兴趣,才有采取行动的可能性。通俗易懂,是从传播学角度对广告提出的最基本要求;而与众不同,又是从艺术学角度对广告提出的更高的期望。因此,好的广告既是通俗的,又是不俗的。

　　确认——信息提出的目标要明确,才能促使受者采取行动,而这个目标必须符合受者已有的需求。比如说,受者因为想买车,才会注意到车的广告。只有广告内容符合受者心中的目标,才会促成购买行动。来看几组汽车广告,前两组均为李岱艾(TBWA)巴西公司为日产汽车所做的广告创意,第一组广告突出日产Tiida 的大行李箱(见图 2-37 至图 2-39),第二组广告则是突出日产 Sentra 的安全性能(见图 2-40 和图 2-41)。而如图 2-42 至图 2-44 所示是梅赛德斯-奔驰汽车为其三维导航系统所做的一组广告,设计师以各国国旗的形态和颜色构建三维路况环境,形象醒目,主题明确。看来,同样是对于汽车的促销,由于面对的消费群体不同,用户关注点不同,因此,广告呈现的信息与创意的角度也会不同。从某种意义上讲,广告是箭,受众是靶,只有箭对准了靶心,才有可能一击即中。

图 2-37　日产 Tiida 汽车广告 1　　　图 2-38　日产 Tiida 汽车广告 2　　　图 2-39　日产 Tiida 汽车广告 3

图 2-40　日产 Sentra 汽车广告 1　　　　　图 2-41　日产 Sentra 汽车广告 2

  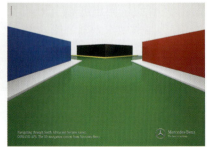

图 2-42　奔驰汽车广告 1　　　　图 2-43　奔驰汽车广告 2　　　　图 2-44　奔驰汽车广告 3

行动——好的广告具有促使受众采取行动的作用。通过广告,向受众传达一种简便、具体、直接的途径,以达到目标。途径越简便、越明显、越直接,受者越有可能采取行动。

五、广告人的能力培养

作为广告出资人与消费受众之间的信息转述者,广告创意人需要培养哪些方面的能力呢?前面提到过,广告信息传播致效的关键在于受众对信息产生的关注与认同感,这就要求广告人必须具有独到的眼光,能将普通事物置于独特视角和情境中,并借助于独特有效的信息编码方式与手段进行视觉化呈现。因此,作为视觉传达专业的学生,在正式进入广告行业从事广告创意工作前,在学习阶段就应该有意识地培养相关方面的能力。

1. 认知力

认知力一方面是指对本专业知识架构的接受能力,另一方面则是指对泛专业知识的接受能力。视觉传达已经从传统的单一印刷媒介领域拓展到印刷、影视与交互的复合媒介领域,所谓"平面不再平,静态不再静",说的就是这样的一种学科发展变化趋势。艺术设计门类不仅面临着内部学科的贯通,和其他门类知识的交叉与贯通也呈现出越来越强的趋势。因此,作为广告创意人才,只有具有更广泛的知识面与更深厚的知识底蕴,才能在面对复合学科背景的设计命题时,拿出有效的多解决方案。

2. 敏锐捕捉力

广告创意需要有独特的想法,需要设计师能够从看似平淡单纯的日常生活与生产中寻找细节,发现关注点,发现平淡中的精彩,这些都有可能成为创意的源泉。

3. 形象化能力

形象化能力是指视觉化能力,好的想法还要有好的表达,用广大受众乐于接受的视觉形式将创意呈现出来,是对创作者形象化能力提出的要求。

4. 接受新事物能力

创意人才需要始终关注时尚,把握时代步伐,了解当前社会与科技发展动态,这样才能获得更多符合当前时代形势的创意。

5. 情商

情商又称情绪智力,是近年来心理学家提出的与智力和智商相对应的概念。它主要是指人在情绪、情感、意志、耐受挫折等方面的品质。总的来讲,人与人之间的情商并无明显的先天差别,更多与后天的培养息息相关。

按照情商理论创始人彼得·萨洛维(P. Salovey)的观点,情商包含五个主要方面。

(1)了解自我,能够察觉某种情绪的出现,观察和审视自己的内心体验,监视情绪时时刻刻的变化。它是情商的核心。

(2)自我管理,调控自己的情绪,使之适时适度地表现出来。

(3)自我激励,能够依据活动的某种目标,调动、指挥情绪。

(4)识别他人的情绪,能够通过细微的社会信号,敏感地感受到他人的需求与欲望。

(5)处理人际关系,调控自己与他人的情绪反应的技巧。

Guanggao Chuangyi yu Biaoxian

第3章
创意基础

在了解了广告基本原理后,从本章开始,将学习、研究创意实质、创意载体、创意流程等创意相关原理。

一、对创意的探讨

什么是创意呢?对创意,从不同的角度,会有不同的解读。可以把创意看作一种视觉游戏,将平常事物通过一些偶然的角度、体量、位置、情境呈现出来,进而产生一些戏剧化、情节化的幽默意味(见图 3-1 至图 3-6);也可以将创意看作一点点的主观臆想,将客观事物进行某些有意识的主观改造,以强化原有意义或产生新的意义(见图 3-7 至图 3-17)。

图 3-1　创意 1

图 3-2　创意 2

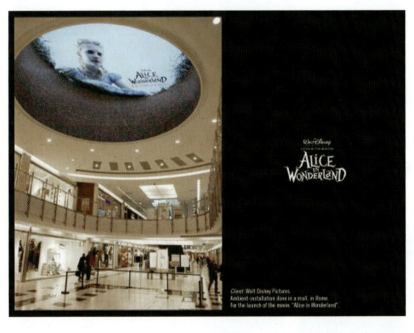

图 3-3　创意 3

图 3-4　创意 4

图 3-5　创意 5

图 3-6　创意 6

 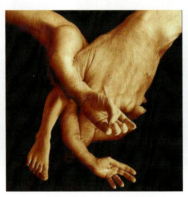 

图 3-7　创意 7　　　　　　　图 3-8　创意 8　　　　　　　图 3-9　创意 9

图 3-10　创意 10　　　　　　图 3-11　创意 11　　　　　　图 3-12　创意 12

图 3-13　创意 13　　　　　　　　　　　　　　图 3-14　创意 14

图 3-15　创意 15　　　　　　图 3-16　创意 16　　　　　　图 3-17　创意 17

还可以把创意当作一种观点表达。通常情况下，采用一些夸张手法，以使所要表达的观点、主张、意图呈现得更加明确，更有视觉意味（见图 3-18 至图 3-22）。更有人认为，创意是一种对生活的关注外加一点思考。有时候哪怕是将生活中一些客观存在但又常常被人忽视的小细节直接呈现出来，也能达到很好的效果（见图 3-23 和图 3-24）。

上述各种说法，都是对创意的直观表达，严格意义上都不能算是对创意概念的规范表述，虽有失严谨，却不乏生动。归纳起来那就是，寻求或制造一些生活中的小意外、小情趣，就会让人有一点点不一样的感觉，也许就能成为创意的依据（见图 3-25 至图 3-27）。

看来,在生活中,创意是无处不在的,而问题的关键,就在于怎么看。

图 3-18　创意 18

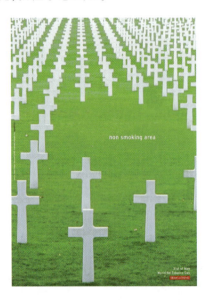
图 3-19　创意 19

图 3-20　创意 20

图 3-21　创意 21

图 3-22　创意 22

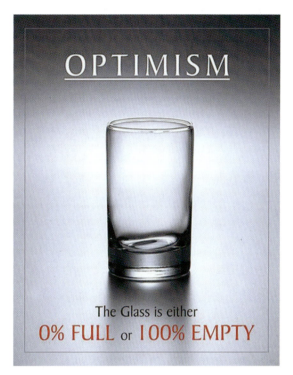

图 3-23　创意 23　　　　　　　　　　　图 3-24　创意 24

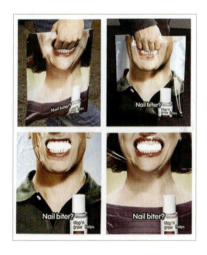

图 3-25　创意 25　　　　　图 3-26　创意 26　　　　　图 3-27　创意 27

二、创意的源头——视知觉

　　看是一种能力,由看能引发看法、观点的形成,这种关于看的能力称为视知觉能力。视知觉其实包括"视知"和"视觉"两个层面,"视知"指的是过去积累的"看"的经验,"视觉"指的是眼前所见的信息,人每一次"看"的结果其实都会涉及其视知经验和视觉感受的交替、更新。在视知经验和视觉感受的不断冲突与调和中,看法、观点逐渐形成。无论是视知还是视觉,无论是经验还是感受,其对象都是事物的形态。可以说,创意,始于视觉;视觉,始于对形态的感知;感知,形成独特觉悟与不同阐释;创意,由此而生……

三、创意的载体——形态

形态充当了创意的载体。因为任何看法、观点都是由形态而来，都是经过人的主观处理，再通过新的形态展现出来。经过人脑有意识主观处理过的形态，称为符号。可以说，以创意为目的的视知觉过程，就是一个符号化过程（见图3-28）。客观形态通过符号化，产生了新的符号形态。符号形态并非现在才有，纵观历史，经典案例不胜枚举。比如，饕餮纹样就是一个很典型很成功的符号形态（见图3-29）。人们在解释青铜器饕餮纹原型时，出现了各种不同的见解。有的人将饕餮视为炎帝"牛首人身"的图腾，将饕餮的原型视为牛；也有人认为饕餮的原型是蛇，是蛇图腾从其他图腾中跳跃出来演化为殷商的龙崇拜，继而演变成沉重神秘的青铜器饕餮纹；还有人则认为饕餮纹来自对猛兽的抽象变形，或认为是从牛头、羊头、虎头等众多形态中找出它们的共同特点的抽象图形。不论饕餮来自什么动物，它所表达的都是一种形式上的无限大和超世间的权威神力。既是先民将某种自然物作为一个象征性符号，以代表某一氏族或民族的祖先加以崇拜，又是人类对各种自然物本身神化的顶礼膜拜。各式各样的饕餮纹样及以它为主体的整个青铜器其他纹饰和造型，特征都在突出指向一种无限深渊的原始力量，它们呈现出的是威力和美丽。又如，从良渚文化中人兽合一的玉琮（见图3-30），到后母戊鼎耳上的兽食人（见图3-31），再到后来频繁出现的人骑兽造型（见图3-32），这一系列符号形态的演变也反映了人对自身和自然关系的态度变化。在人类认识过程的最初阶段，人类还处于不断的探索与力量对比阶段，这时的人与动物是同质的，这样的认识在原始的图腾文化中体现得尤为明显。而到了青铜时代早期的夏商，神的至尊与人的弱小观念得到明晰化。动物的神秘力量是大于人的，这既可以从人类对饕餮狰狞、可怖形象的渲染中看出，也可以从"兽食人"的情节构成中得到反映。到了东周，人兽的力量对比关系发生了改变，由于人对自然世界认识的加深和再造能力的提升，人已经完成了对兽的征服，动物力量已开始明显低于人的力量。这种认识上的改变也直接影响器物形态情节构成上角色的互换，"兽食人"变成了"人骑兽"。

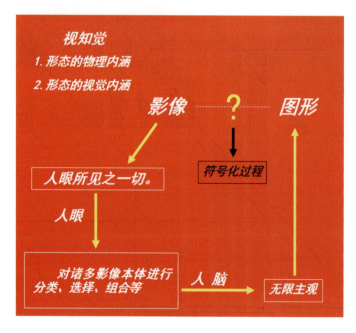

图3-28　符号化过程

图3-29　饕餮纹样

图 3-30　玉琮　　　　　　　　图 3-31　兽食人　　　　　　图 3-32　人骑兽造型

这样的例子还有很多,在这里不再赘述。从上述所举实例可以看出符号形态对于人们固有看法、观点、主张的承载与表达作用。当然,人的这种符号性创作行为是有其根源的,可以归纳为生物学角度的普遍性原因和社会学角度的独特性原因。所谓普遍性原因,即自然界中任何生物都具有符号行为,人类当然也不例外。比如说蜜蜂发现花蜜时,会通过"八字舞"的符号行为将信息传递给同伴;雄性孔雀也会通过"开屏"的符号行为将求偶信息传递给雌性孔雀等。而所谓的独特性原因,则在于人对自然世界的能动改造意识。动物的符号行为是基于先天的、本能的机制进行的;而人类是出于自身能动的需要去创造和使用符号,并将一个人类完全不具主体性的自然世界出色地转化为一个人类具有主体性的文化世界。因此,可以说,符号化前的形态是客观存在的,是创意产生的源泉;符号化后的形态是主观能动的,是创意表达的载体。作为设计师,一定要提高自我的视知觉能力,从而赢得更为宽广的创意空间。

四、创意的开端——联想发散

对客观存在的"形"与"态",究竟该怎样发挥主观能动性,对其实施有目的、有意义的改造呢?这就涉及联想发散思维。这里需要强调的是,联想发散的目的是寻求和建立起事物间的联系,是一种基于客观存在的主观发现过程,因此,联想发散并不是空想臆造的,而是需要遵循思维路径,是有开端和结果的。当然,联想发散能力的高低,一方面跟每个人的生活阅历有关,另一方面,通过科学的学习与训练找到正确的方法更为重要。联想发散一般遵循以下思维路径展开。

1. 相似联想路径

相似联想路径指在事物的形状与状态间寻找某种相似关系。可以把相似性分为三个层面:形状相似、组织关系相似、动作与情境相似(见图 3-33)。

形状相似,又可分为轮廓形状相似、构造形状相似、肌理形状相似。这些都是对于事物的外在形态而言,很好理解。

组织关系相似,又分为个体内部组织关系相似和个体间组织关系相似。所谓组织关系,指的是个体结构或各个组成部分之间的相互关系。比如:毛虫一节一节的身体和火车一节一节的车厢就存在个体内部组织关系相似的情况。而爬在叶片上的毛虫和行驶在铁轨上的火车,又是个体间的组织关系相似,即毛虫与树叶的关系相似于火车与铁轨的关系。这样一来,这两组本无直接联系的事物间就能建立起生动的联系了(见图 3-34)。

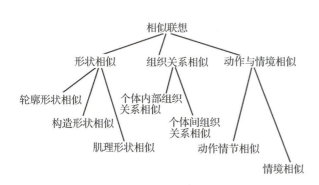

图3-33　相似联想路径　　　　　　　　　　　　图3-34　相似联想

动作与情境相似，又分为动作情节相似和情境相似。如图3-35所示的，海报设计正是利用了动作情节相似联想，并巧妙联系主题，形成了极好的创意。拔牙和撕去便笺号码具有相似的动作情节意义，即从某事物上去除一部分。两个情节的结合形成了准确且生动的比喻意义，幽默诙谐，引人关注。如图3-36所示的是另一则关于植牙保险的海报。这则海报的创意正是来自情境相似的联想发散思维。用保龄球情境来比喻不健康的牙齿状态，不仅反映了残缺的现状，而且强化了护齿植牙的迫切需要。

图3-35　海报设计1　　　　　　　　　　　　图3-36　海报设计2

2. 接近联想路径

接近联想包括空间接近、时间接近、量度接近等各种存在于事物间的接近关系（见图3-37）。

空间接近包括绝对空间接近和相对空间接近两种类型。所谓的绝对空间接近，是指物体间在物理距离上接近，比如椅子和坐在椅子上的人。如图3-38所示是由很多张椅子组成的脊椎形态，这样的形态组合，传达出了新的意义。当然，在这个例子中，除了有接近联想外，还有前面所提到的相似联想。在很多情况下，创意所遵循的联想路径都不是单一的，而是复合的。如图3-39所示是一个巴士上的拉索设计，广告商巧妙地将手表产品形象与拉索结合起来，当用户在使用拉索时，就如同戴上了手表，由此产生一种趣味性的用户体验。从这个例子可以看到，基于接近联想，可以将手表和拉索联系在一起，而基于动作情节与情境相似联想,又可以将抓住拉索和抓住时间联系在一起,强化主题。因此,一个好的创意,往往包含更多层面的事物间联系,这种联系越丰富、越复合,所产生的符号形态越扣题。

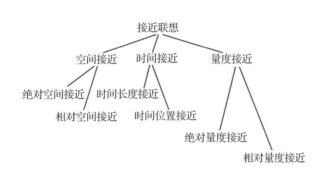

图 3-37　接近联想路径　　　　　　　　　　　图 3-38　接近联想

所谓相对空间接近,是指物体与物体仅仅是在视觉上接近,而在物理距离上也许很远。如图 3-40 所示,将手中的刷子和天空中的云彩、伸出的手和远处的灯塔,并置在一个特殊视角上,就如同做视觉游戏一般,产生错觉,形成趣味性。

图 3-39　拉索设计　　　　　　　　　　　图 3-40　相对空间接近

时间接近包括时间长度接近和时间位置接近。时间长度接近很好理解,比如看书的 5 分钟和足球比赛的 5 分钟。时间位置接近,则指的是不同时间点在不同时间长度中的位置关系,比如百米冲刺的第一秒钟和一年中的第一个月。

量度接近包括绝对量度接近和相对量度接近。所谓绝对量度接近是指物体间的体量关系接近;而相对量度接近,多是指体量间的对比关系相近。比如一粒米和一只空碗的量度关系,就与一片落叶和一个院子的量度关系相接近。

3. 对立联想路径

对立联想包括空间对立、时间对立、性状对立等各种对立关系(见图3-41)。

空间对立又包括空间位置对立、空间距离对立、空间量度对立等。比如飞鸟和走兽,一个在天上翱翔,一个在地上奔跑,就属于空间位置对立关系;远处的森林和脚边的树苗,一远一近,就属于空间距离对立关系;高楼大厦和低屋矮棚,一大一小,就属于空间量度对立关系。

时间对立包括时间长度对立和时间位置对立等。比如漫长的一年和短暂的一瞬间,就属于时间长度对立;生命的第一分钟和垂死前的最后一分钟就属于时间位置对立。

性状对立包括物理性状对立和生物性状对立等。物理性状的对立体现在大与小、热与冷、松与紧、硬与软、高与矮、曲与直、胖与瘦等外在层面所呈现出的物理特征上。生物性状的对立则体现在情绪、生命状态、物种特征等方面,如抑郁与阳光、低落与高涨、生存与死亡等。

4. 因果联想路径

因果联想分为动作因果、性状因果、认知因果三类(见图3-42)。

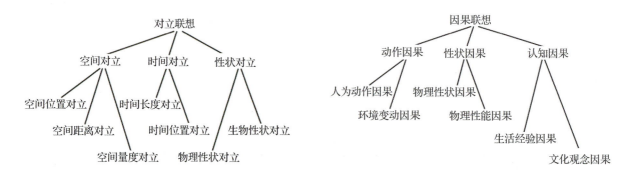

图 3-41　对立联想路径　　　　　　　　图 3-42　因果联想路径

动作因果就是由人为动作、行为所引发的因果关系。比如:"行走"是原因,"路形成了"就可以成为结果。于是,"铺路"的创意情节由这组因果关系催生出来了(见图3-43)。又如,"石油泄漏"是原因,那么"海洋污染"就是行为结果,于是,"石油鱼罐头"的创意情节在这组因果关系下形成了(见图3-44)。

图 3-43　因果联想　　　　　　　　　　图 3-44　石油鱼罐头

性状因果是指由事物性能、状态所引发的因果关系。如图3-45和图3-46所示,是一则厨房用纸广告。该广告创意非常夸张地以"超强吸水"为原因,对"葡萄变葡萄干、桃子变桃肉干"的结果进行了非常到位的视觉诠释,从而在一种极具趣味性的语境中突出了产品的超强吸水功能。

图 3-45　厨房用纸广告 1　　　　　　　　图 3-46　厨房用纸广告 2

认知因果是指由生活经历、文化观念等因素所引发的因果关系。

以上是在寻求创意过程中经常会遵循的四条联想发散路径,沿着这些路径去思考,能在日常生活中看似无关的事物间找到大量的潜在联系。我们在对一些成功广告案例进行针对性分析后,也能知道为什么要去寻求事物间的各种联系,其原因就在于这些联系能提供更为丰富的故事情节和更为独特的视角,以至于无论是在陈述观点、看法,还是展现产品及服务质量时,都会显得有一点点不一样的新意,消费者也会更乐于辨认和记忆。

五、创意的实质

本章从一开始,就在探讨到底什么是创意,但一直都没有对创意给出一个严谨的定义,而是引导大家先对创意进行感受式的思考和体验式的学习。随后通过对视知觉、符号形态及联想发散思维等相关概念的引入,对创意的认识也进入一种逐层推导式的认识情境中,对于创意的概念,开始有了一个逐渐明晰的过程。创意属于灵感思维,是一种基于客观认识与感受的纯主观思维活动,是经验意识和直观感受共同作用产生的结果。创意的关键是利用有关的、可信的、格调高的方式在以前看似无关的事物之间建立一种新的有意义的关系,这种关系可以把真实意图等以一种新颖的方式间接表达出来。看来,创意的实质就是创造性的呈现,通过不同的视角与解读,对相同的事物做出不同的诠释与展现。那么,在对客观事物的感知过程中,又该如何寻找创意的痕迹呢? 换句话说,获取创意的依据又是什么呢?

借用匈牙利教育学家亚瑟·科斯特勒的观点,创意就是两个以上互不关联想法之间的融合。这里提到的"互不关联",实际上包含了两层意思:①互不关联是指事物间在客观存在上或常态情况下不存在任何联系;②互不关联不是指事物间绝对没有联系的可能性,在某些主观意识作为契机的干涉下,原本不相关联的事物间可以建立起某些特定的、单向性的联系,这就是创意的基础。而之所以在原本不相关联的事物中寻找创意,是因为只有在非常态背景下,事物间关系的建立才能体现出一种意外性和戏剧性。如果只是在客观的、常态的物与物关系中展现联系,那就不是创意了,而仅仅只是联想。联想是创意的开端,可以为创意的生成提供更多的思路与方向,但不能等同于创意,因为联想始终是一个对客观物象的再现过程,而只有当围绕一个主题,让主观意识参与和介入事物联系的建立中时,创意才会发生。如图 3-47 所示是调频 91.9 立体声广播电台名为 No other alternative(无可替代)的海报,为了表达电台节目的无可替代和吸引听众,用到了"一直固定"的画面情节,而为了强化"纹丝不动"状态,用两只铁钉扎进收音机固定住了选台指针,既直观又强势。这个例子中,铁钉和收音机本是毫无关联的事物,但是通过"一直固定"和"纹丝不动"的主观情节构想,在两者之间建立起了关于特定意义指代的关系。

而曾经以提出二八定律而闻名的意大利经济学家帕累托也对"创意是什么"有着自己的解读。他提出,创意就是"旧元素的新组合",即通过对一些熟知的事物进行不一样的组合,而使其产生新的意义。帕累托和亚瑟·科斯特勒对于创意的解读,从根本上是一致的,即都将创意置于一种为受众所熟知的感官语境中,在此基础上围绕一定的主观意识,对客观事物进行改造或重构,使之产生新的语义。如图3-48所示是一个治鼻塞产品的广告,怎样从视觉上表达鼻塞的难受感?一方面,需要通过夸张手法以突显鼻塞的严重程度,另一方面又需要借助于比喻手法用一种显性的"阻塞"来映射隐性的、不易直观呈现的"鼻塞"。在这样的主观意识组织下,鼻子和高压锅等之间的联系建立起来了,并且也产生了新颖而生动的画面语义。或者做更加简单的理解:鼻子是"鼻塞"的主体,以客观的方式来呈现,以此为受众提供一个熟悉的、易懂的语境;塞子是主体的症状,症状的呈现是重点,因此以主观的方式将其加入客观的鼻子上。通过这样的对于旧元素的新组合,"鼻塞"状态被以更加显性、更加强调的方式呈现出来。再来看另外一组关于农药残留问题的海报,如图3-49所示。为了生动表现主题"未洗过的蔬果将会变成致命武器",将蔬果分别与原子弹蘑菇云、炸药包、手雷结合,以突显这种危害的"致命性",从而将一个隐形的、容易被忽视的问题转换为一种高显性的直观呈现,同样也是通过对旧元素的新组合,使原有物象具有了新的语义。当然,在用元素组合的方式解读创意时,需要注意一个关键问题,那就是,用以组合的元素可以通过一定的概念建立起联系,同时在形态上也需要有比较高的拟合性。比如前面的例子中,高压锅盖和鼻子是通过"阻塞"的概念联系在一起,而在形态上,也都是圆形,易于进行组合。

由上可以看到,不管是"互不关联想法之间的融合",还是"旧元素的新组合",都体现了设计者对符号的再度经营的意识和过程,也都是试图在符号间形态和意义上同时建立起某种独特关联。这种同步关联,实际上就是进行图形创意时的惯用手法。如图3-50所示是树和鸟、蛇与女人、男人与女人的图形创意,都是在建立了意义关联的同时,通过形态拟合来实现形态关联,最终建立起新的图形意义。在很多广告创意作品中,都能感受到这种思维方式的存在。如图3-51所示是兰蔻睫毛膏的广告,在睫毛和条形码之间,围绕"有效的、有品质的睫毛膏"主题,建立起联系,将两者结合起来,即条形码用以体现产品的品质,其向上翻起的部分又表现了产品的效用,既直观又简洁。再来看两则SMIRNOFF牌酒的广告,两则广告分别代言了该品牌

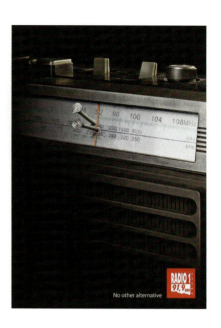

图3-47 电台海报

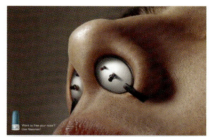

图3-48 治鼻塞产品的广告

下的两款完全不同的酒。第一则中,画面展示的是温顺的羊群和一个 SMIRNOFF 酒瓶,有趣的是,酒瓶后面的这只羊却被一头狼替换掉了(见图 3-52)。该广告通过这样的画面情节,想表达的就是酒的浓烈与独特,会使再温顺的人也变得像狼一般。换句话说,酒能让人得到任何意想不到的东西。第二则广告推出的则是冰酒,主题是"提供额外的冷却,在蒙特勒爵士酒吧"。画面中,酒瓶与钢琴琴键的结合,既在视觉上形成趣味性,又较准确地传达出酒的调性(见图 3-53)。

图 3-49　农药残留问题海报

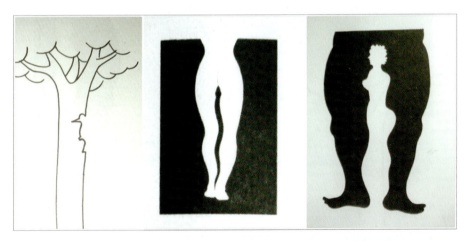

图 3-50　图形创意

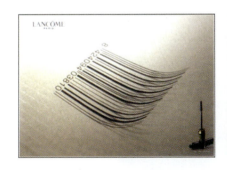  

图 3-51　兰蔻睫毛膏的广告　　　图 3-52　酒瓶与羊群　　　图 3-53　酒瓶与钢琴琴键

综上所述,创意的实质是创造性的呈现,创意的依据就是围绕特定主题寻找事物间形态与意义的同步关联。意义上的关联有助于"比喻"与"映射"关系的建立;而形态上的关联则有助于显性、趣味性地将这种关系进行视觉呈现。当然,形态关联并不意味着一定会以形态同构的方式进行创意呈现。有些时候,通过将常态事物置于一种非常态状况中,或有意识地对某些秩序进行人为打乱,也能产生很好的创意。如图 3-54 所示是"现代酷派"跑车的一则广告,画面中,一只狗被自己的舌头所缠绕,以此体现该车"从 0 到 100 千米/时加速仅需 8.4 秒"的快速起动性能。显而易见,狗是因为车加速太快来不及收回舌头而被缠绕。在这个趣味性情节展现中,并没有事物间的同构手法,而只是将常态的狗置于一种非常态状况中,并夸大了这种非常态性。再来看两则主题类似、手法具有异曲同工之妙的广告。第一则广告中,是一张放置了四套餐具的桌子俯视图(见图 3-55),其中的三套餐具都紧贴桌子边缘而放,以此建立起了一种秩序关系,而有一套餐具却被移到了靠近桌子中心处,显然这是人为安排的秩序打乱,以将观者的注意力吸引到局部细节变化上,并进而体会产生变化的原因。第二则广告中,是正在排队的一队人的腰部以下镜头(见图 3-56),以此作为画面秩序,然而一位女性前面空出了较大位置,马上打乱了整体秩序,并产生了焦点,提出了疑问。事实上,这两则广告都和"丰胸"有关,也都是通过对画面秩序的人为打破来设置问题,引发关注。

图 3-54 "现代酷派"跑车广告

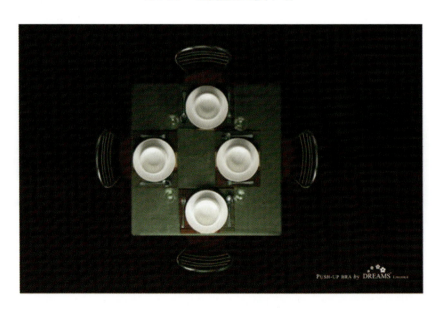

图 3-55 桌子俯视图

图 3-56　腰部以下镜头

以上即是创意的两种常用手法：①通过同构来显性展现一种映射关系，这种映射是指一个系统的结构可以在另一个系统中表现出来，在看似毫无关系的事物间寻找某种可以使它们连接的因素，即相似性；②通过常态事物的非常态展现，或秩序的打乱，来建立一种比喻关系。这两种手法其实都强烈体现了创意的实质——创造性的呈现。具体来说，创造性体现在以下两点：①有意识地破坏原物形，因为只有破坏了原物形，才能在此基础上构筑新物形，并探索以前不存在或不曾遇见的物象观念；②发生变化，因为只有变化才能使物形产生新颖的视觉效果与形态意义，建立从有序到无序再到有序的新观念。

Guanggao Chuangyi yu Biaoxian

第 4 章
广告创意

一、广告创意的定义

前面对创意进行了深入探讨,从本章开始,把对创意的研究置于一个更具体、更有针对性的情境中,即更多地探讨各种以广播性告知为目的的广告行为对创意的影响与制约,同时继续深入研究如何围绕广告主题来进行广告创意。

广告之父大卫·奥格威(David Ogilvy)指出:"要吸引消费者的注意力,同时让他们来买你的产品,非要有很好的特点不可,除非广告有很好的点子,不然它就像很快被黑夜吞噬的船只。"大卫·奥格威所说的"点子",就是创意。

著名广告大师,曾任智威汤逊广告公司创作总监的詹姆斯·韦伯·扬(James Webb Young)对广告创意曾有着这样的理解:在广告中,创意来源于生活,来自一种对产品和对人的独特了解的新组合。

所谓广告创意就是广告人对广告创作对象所进行的创造性思维活动,是通过想象、组合和创造,对广告主题、内容和表现形式所进行的观念性的新颖性文化构思,创造新的意念或系统,使广告对象的潜在现实属性升华为社会公众所能感受到的具象。

广告定位是广告创意的前提。广告定位先于广告创意,广告创意是广告定位的表现。广告定位所要解决的是"做什么",广告创意所要解决的是"怎么做",只有弄明白做什么,才可能知道怎么做。只有广告定位确定下来,广告内容和广告风格才能够随后确定。由此可见,广告定位是广告创意的开始,是广告创意活动的前提。

二、广告创意的特征

1. 广告创意要以广告主题为依据

广告主题是通过广告定位确定的广告题材内容,即"广告什么"。广告主题是广告策划活动的中心,每一阶段的广告工作都紧密围绕广告主题而展开。广告主题作为创意依据,既是具体广告创意的引导,又对其具有约束和限制作用。

2. 广告创意要以广告目标对象为基准

广告目标对象是指广告诉求对象,这是"向谁广告"的问题。广告创意必须以广告目标对象为基准,不同的广告目标群体,对产品和服务的关注点是不一样的,所表现出的用户需求也各不相同。经常可以看到这样的情况,同样的品牌由于针对的受众群体不一样,或者说产品的功能定位不一样,就会有不同类型的广告创意。所谓"射箭瞄靶子""弹琴看听众"就是这个意思。广告创意只有紧紧抓住广告目标对象,以广告对象的实际需求与关注点作为广告主题表现和策略准备的基准,才能收到良好的广告效果。

3. 广告创意要以新颖独特为生命

新颖独特是广告创意赖以生存的基础。要想在当今同质化竞争越演越烈的情境下,突出品牌的独特形象,获取受众的关注,就必须拒绝创意上的任何雷同之嫌与平庸之感。唯有新颖独特才能在众多的广告创意中一枝独秀、鹤立鸡群,从而产生感召力和影响力。

4. 广告创意要以情趣生动为手段

广告创意不仅要紧扣主题,而且应根据主题组织具有趣味性的生动画面情节。画面就是一个舞台,舞台上所展现的内容需要通过精心组织,从而将消费者带入一个印象深刻、浮想联翩、妙趣横生、难以忘怀的境界中去。在立足现实、体现现实的基础上,更能以夸张、幽默的方式吸引消费者驻足、引发共鸣。

5. 广告创意要以形象化为要求

广告创意要基于事实,集中凝练出主题思想与广告语,并且从表象、意念和联想中获取创造性的素材,在进行画面呈现时应简洁明确、通俗易懂。1996年世界最具声望的戛纳广告节平面广告全场大奖——由电扬(Dentsu Young & Rubicam)创作的"安全别针"广告——VOLVO等于"安全"如图4-1所示,每一个人看到之后都会过目不忘。正如美国评委Gary Goldsmith所言:"它是一幅仅有一句文案(一辆你可以信赖的车)的广告——纯粹的视觉化创意。我认为我们所看到的一些最好的东西,传递信息都很快,并且很到位,它无须费神去思考或阅读。"很多人看第一眼时并没瞧上它,但出了展厅还能复述出来——有一个非常简单的、用钢线绕成的 VOLVO 车形别针!这其实就是广告梦寐以求的效果。在花里胡哨的广告世界里,它可以跳出来,帮受众提炼印象。创意单纯的确便于记忆,该广告的发布使得该产品的销售增长了20%。

图 4-1　VOLVO"安全别针"广告

三、广告创意的思维形式

1. 具象思维

具象思维是人类的基本思维形式之一,它客观地存在于人的整个思维活动过程之中。具象思维是以直观形象和表象为材料进行的思维活动。

在一些商业类广告创意中,经常可以看到具象思维形式的存在。原因就在于,商业类广告相比较而言,更注重于在庞杂喧嚣、千变万化的信息情境中树立起一个显著不同的形象,并能让受众快速地领会这种不同。这就要求广告情节简洁明了,显然,在这种情况下,具象思维模式就有着独一无二的优势。如图4-2所示是一则城市火车的广告创意,该创意就是运用具象思维形式来表达主题的。由"赶飞机"的事件想到了"赶飞机"的狼狈状态,于是以此作为画面主体,挂在机舱外的乘客,向受众传达出了两层意思,其一,他们是要去乘坐飞机的,点明主题;其二,他们在时间上明显晚了。如何体现"晚"?没有用一个机舱内的乘坐情节,因为那样太正常了,不易被察觉。取而代之的是用了看似离谱,却非常贴切的"挂在机舱外"情节,又与画面的主题文案"赶飞机误点了?再也不会了"相吻合,因为只要16分钟,就可以从市中心从容到达飞机场。又如图4-3所示是一则牛奶广告,主题是牛奶补钙,不难看出,广告创作者在牛奶和牙齿间建立起了相似联系、因果联系,从而将"喝牛奶补钙"这样一句复合信息通过一个组合而成的新符号形态传达出来,既简洁明确,又生动直观。其实在生活中,通过具象思维形式展现出的优秀广告创意比比皆是,渗透在衣食住行的每个角落,留心观察,就会发现,运用得当的话,这些具象思维的广告会给人留下深刻印象,使人过目不忘。如图4-4所示是双立人刀具和飘柔的户外广告创意,很巧妙地借用了实际发布环境中的具体物象,将产品功能表达出来。手法虽然具象,却依然能给受众带来很强的视觉冲击力和趣味性。这样的例子还有很多(见图4-5至图4-11),这里就不再一一赘述。

图 4-2　城市火车广告

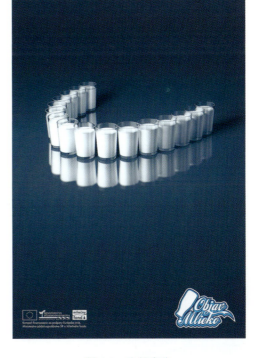

图 4-3　牛奶广告

图 4-4　双立人刀具和飘柔洗发水户外广告

图 4-5 油漆广告

图 4-6 电视剧《法与制》户外广告

图 4-7 网站户外广告

图 4-8 户外广告

图 4-9 FedEx 户外广告 1

图 4-10 FedEx 户外广告 2

图 4-11 PSP 户外广告

当然有时候，具象思维也可不直接表达目标物，而是借用其他具体事物来间接、委婉地表达，这是一种比较新颖的表达方式。图 4-12 所示画面的主体形态是一件晾在路边绳子上的红色法拉利 T 恤，夹了很多个夹子，并被风吹起。凭第一眼很容易让人以为是法拉利跑车的广告，然而仔细看文案，才发现广告出资人是奔驰。换句话说，是奔驰巧借了法拉利的品牌形象。谁都知道，法拉利跑车是以速度著称的，而刚刚驶过的这辆奔驰车，就连法拉利都扛不住。这才是这则广告的真正目的——超乎想象的快，Actros V8。在这个案例中体现的借用手法，有三点是值得我们注意的：其一，奔驰借用的是与自己同行业的品牌形象，并且和自己存在着直接的竞争关系；其二，为了弱化竞争对手的形象呈现，没有出现对手的产品，而是用了红色 T 恤来指代；其三，画面中也没有出现奔驰的汽车产品，而是用一条路和一阵风来表达。通过这样的处理，既合理适度地表达了主题，又巧妙地回避了有可能触犯相关法规带来的风险。

还有一种情况，设计师想在画面上表现一种幻想，一种在现实生活中不可能存在的情境，会通过若干个具象的局部形态组合成一个整体荒诞的语境，以一种近乎"梦境"或"意象"性的具象呈现，把它与正常的逻辑相结合，从而展现出新的、预料不到的而又合人心意的情境，是将主观与客观、现实与理想、理性与非理性巧妙地相融，从而获取一种象征性的意象，这在广告设计中常常被应用。如图 4-13 和图 4-14 所示都是某电视台的广告创意。为了突出"该电视台节目好看"的广告主题，设计师创造了一个极度夸张以致荒诞的看电视情境，分别用令人毛骨悚然的蛇及易碎的鸡蛋组成了电视机前的沙发，以此与主文案"节目之精彩，即使是超越了如坐针毡的概念，也可以放松地坐上去看电视"相吻合。

图 4-12　奔驰 Actros V8 广告

图 4-13　AXN 电视台广告 1

图 4-14　AXN 电视台广告 2

2. 抽象逻辑思维

抽象逻辑思维是以概念、判断、推理的方式进行画面创意展现的思维形式，也可称之为抽象思维，是思维发展的高级阶段，是人类思维的核心形态，是"由此及彼，由表及里"的再创造过程，是从个别现象入手，总结出一般的共同属性的本质性规律。在抽象思维指引下所呈现出的画面感受虽然没有具象思维方式那么直接、明了，但也因为其委婉、含蓄的表达方式而使画面具有更多的思考空间，对一些文化类、社会话题的主题广告而言，往往能体现出其优势。如图4-15所示是通过运用抽象思维，不仅塑造出一个关于时间流逝、空间更替的抽象画面，而且引发人们对时空转换、物是人非的一种思考。很显然，这并非一种直观的表达方式，但给受众更多的思考空间。可见，对于如时间、科技这样的非物质概念，运用抽象思维方式，往往能更饱满、更生动地传达出相关信息。

3. 意象思维

意象思维体现的是对表象、对记忆的选择性复原及组合，目的是唤起受众的创造性想象心理过程，是较抽象思维而更主观化与情感化的思维过程。需要说明的是，由意象思维引导而成的画面，在很多情况下，都是由具象符号构成的，只是构成的方式与手段不再以客观事实为依据，而是运用潜意识的精神活动和超自然的观察视角。因此，意象思维是一种具有具象思维表征和抽象思维内涵的思维形式。在很多商业类广告中，经常能看到意象手法的运用。由于商业类广告需要清晰明了并且迅速地向消费者传递相关产品信息，因此，往往会运用抽象手法构建画面的独特形式感以吸引人眼球，同时又将具象形象蕴含其中以明晰主题（见图4-16至图4-21）。

图4-15 《古形今状之生命计时》
（作者：任少莹）

图4-16 某品牌染发产品广告

图4-17 耐克跑步鞋广告1

图4-18 耐克跑步鞋广告2

图 4-19　耐克跑步鞋广告 3　　　　图 4-20　耐克跑步鞋广告 4　　　　图 4-21　耐克跑步鞋广告 5

4. 逆向思维

逆向思维是一种与人们正常思维习惯相逆的思维方式,逆向的目的就是希望在与人们思考及行为方式相反的、对立的那一面寻求新的观点与看法。在有些时候,逆向思维呈现出的符号形态在逻辑上是荒谬的、混乱的,但正是这种无视现状规律的思维方式,有利于把人们从原有的思维桎梏中解放出来,进而把人们熟悉的、合理的、固定的秩序引入视觉维度颠倒的、混乱的、具有欺骗性的、荒诞的世界中,从而创造出全新的视觉语言(见图 4-22 至图 4-24)。

图 4-22　逆向思维视觉语言 1　　　　　　　　图 4-23　逆向思维视觉语言 2

图 4-24　逆向思维视觉语言 3

通常情况下,人们习惯于沿事物发展的常态模式去思考问题。而脱离了正常思维或倒过来的思考方式,称为逆向思维。逆向思维是一种求异思维,是对司空见惯的事物的一种反叛。敢于"反其道而思之",则能树立新思维,创立新形象。尤其是创造发明,不可小觑逆向思维所"裂变"出的意想不到的设计成果。比如"镜头保温杯"设计(见图4-25),就充满了反向性思维,它改变常规思维定式,抓住人们看腻了正儿八经茶杯的心态,偏偏将照相机镜头作了番"张冠李戴",既时尚又富有个性。在现代广告中,运用逆向思维进行创意呈现的案例不在少数。比如日本著名设计大师福田繁雄,其作品就充满了浓重的逆向思维色彩(见图4-26和图4-27)。

图4-25　镜头保温杯　　　　图4-26　福田繁雄作品1　　　　图4-27　福田繁雄作品2

四、影响和制约广告创意的因素

就设计师而言,在广告创意的过程中,应该充分发挥个人的主动性,但这种主动并不意味着完全不受制约。由于广告创意作品最终是需要以市场、受众和社会作为检验依据的,因此在设计中,设计师必须认真对待来自各方面、各环节的信息,分析各种可能影响和制约创意解读和创意实施的因素,做到有的放矢,规避风险。

1. 文化因素

广告创意总在或多或少地涉及不同的文化内涵,文化是创意情节的依托,是创意具有更强生命力的基础。然而,不同国家和地域、不同民族都有属于自己的文化语境。传播的广泛性,使广告面对的受众更多,因此,在进行广告创意时,需要对创意所处的文化情境做出清晰的定位。只有在广泛了解不同地区、民族文化背景的基础上,才能合理表现和反映时代的文化精髓。"丰田霸道广告事件"就是很典型的一个例子。丰田公司曾在《汽车之友》杂志上刊载了"霸道"和"陆地巡洋舰"两款SUV广告,其中一则广告画面中,两只石狮子面对一辆丰田霸道SUV,一个作敬礼状,一个作俯首称臣状。画面标题以一种嚣张的口吻道:霸道,你不得不尊敬(见图4-28)。另一则广告中,是在可可西里恶劣的路况下,一辆丰田陆地巡洋舰SUV拖着一辆卡车(见图4-29)。这两则广告,一经刊登,就在广大读者和网民中激起轩然大波。有读者认为,石狮子在我国传统文化中有着极其重要的象征意义,代表权力和尊严,丰田广告用石狮子向霸道车敬礼、作揖,极不严肃。更有网友由石狮子联想到卢沟桥的狮子,"考虑到卢沟桥、石狮子、抗日三者之间的关系,更加让人愤恨"。并认为,"霸道,你不得不尊敬"的广告语太过霸气,有商业征服之嫌,损害了中华民族的感情。对于陆地巡洋舰广告,有读者认为,这辆被拖的军用车酷似国产"东风"卡车,故广告有诋毁中国民族品牌之嫌。一时间,释放民族情绪成为网评的主流,同时在网上出现了的各种版本的"反击之作"(见图4-30)。众怒难犯之下,首先杂志在网站上道歉,并表示将不再发布这两则广告。紧接着,广告的制作商也发表声明,其中写道:"我们注意到目前一些读者对陆地巡洋舰和霸道平面广告的理解与广告创意的初衷有所差异,我们对这两则广告在读者中引起的不安情绪高度重视,并深感歉意。广告的本意只在汽车的宣传和销售,没有任何其他的意图。"最终,丰田汽车中国事务所及其合资公司一汽丰田汽车销售有限公司召开座谈会,就两款广告正式向中国消费者致歉。这个案例向我们生动地诠释了文化因素在广告创意中的重要性。正所谓"特定文化应包含在创意之中",丰田的错误就在于完全脱离了广告所处的文化语境,一味渲染产品个性,而忽视了中国人特殊的历史记忆和民族情结。用"石狮"和"军车"这两个很中国化的符号来反衬产品,这是非常错误的做法。类似这样的例子并不少见。无独有偶,同样是一家日本公司的"立邦油漆"的一则广告,也是因为同样的问题而饱受争议。画面中,一个中国建筑风格的长亭,两根柱子上各攀附了一条龙,其中一条龙滑到了柱底(见图4-31)。原因就是这根柱子刚刷过立邦油漆,顺滑无比。这样的一则创意在很多人看来,就是无视中国文化和中华民族情结的一种表现,因为龙在中国人眼中具有至高无上的地位,是民族的象征。可口可乐在日本更是曾经推出过一则极端恶俗的广告(见图4-32),画面中,所有人都身着广告服装,五体投地,极似清朝大臣作俯首称臣状。这是一种毫不尊重中国人民民族情感的庸俗做法,不仅完全丧失了创意的价值和意义,而且会对市场起到负面作用。

图4-28 丰田"霸道"广告

图4-29 丰田"陆地巡洋舰"广告

图4-30 网上流传的反丰田广告

图4-31 "立邦油漆"广告

还有些广告,其创意内容会涉及价值观与意识形态的对立,也会产生争议性的受众评价。比如:由意大利国际特赦组织推出的一幅海报中,将阿拉伯少女的传统头饰与牢笼相结合(见图4-33),可以理解为呼吁妇女解放,但同时是不是也应该思考,这样的一种表达方式是否尊重了别国文化与民族传统。在进行创意设计时,可以有自己的主张和意见,但不要有任何的偏见,不要将自己的意识形态强加给别人,否则,只会让创意也陷入狭隘的个人倾向中,丧失了生命力。不妨来比较下列两组海报。第一组是由4幅海报组成的一个系列作品,不难看出,海报的主体形象分别是伊朗、朝鲜、利比亚、津巴布韦这4个国家的现任或前任领导人内贾德、金正日、卡扎菲和穆加贝,他们都惊慌失措地躲着一只放在地上的鼠标(见图4-34至图4-37)。对于这只鼠标的含义,可以理解为开放、自由、民主等意思,作品想要表达的主题不言而喻。然而,也能从这组作品中感受到强烈的主观情结和一种指手画脚式的干预,关于这一点,从对这四个国家领导人的形象丑化上就可以明确感受到,是意图用一种意识形态去批判另一种意识形态的偏向性观点,缺乏客观性。再来看第二组,来自于由意大利 Good Design 文化协会主办、意大利国际特赦组织与无国界记者组织支持、法国教科文组织委员会及欧洲理事会赞助的"Poster 4 Tomorrow"海报展,主题为"言论自由",评选出来的优秀作品将在《世界人权宣言》发表61周年之际于全球各地展出,其中最佳5件作品将成为芬兰海报博物馆永久收藏品,这是其中的4幅(见图4-38至图4-41)。对比第一组作品,尽管画面没有那么花哨,却言简意赅,且客观陈述,没有诱导性或偏向性的表达,只是通过一些符号形态传达主题,而不带攻击性,把思考和判断的空间留给了受众。

图 4-32 可口可乐在日本的广告

图 4-33 国际特赦组织的妇女解放海报

图 4-34 主观偏向性海报设计1

图 4-35 主观偏向性海报设计2

图 4-36 主观偏向性海报设计3

图 4-37 主观偏向性海报设计4

图 4-38 "言论自由"海报 1　　图 4-39 "言论自由"海报 2　　图 4-40 "言论自由"海报 3　　图 4-41 "言论自由"海报 4

2. 观念因素

每一个群体、每一个受众、每一个设计者都有自己的观念,设计师的任务是既要将新的观念传达给受众,又要将自己的观念融入大众之中形成互动,不要让自己走向另类。简言之,把握住目标受众的主流审美评判标准,适当注入个性化解读因素,否则,不但不能引起受众共鸣,还容易形成争议性评价。

时装品牌 Sisley 在 2007 年 6 月发布了两则题为 Fashion Junkie(时尚迷)的平面广告。这两则广告同为一个系列,且画面均是表现年轻时尚女性对于时装的痴迷,但来自于受众的反馈和社会的评价却大不相同。第一则中,用倒下的高脚杯来引导人们将红酒的顺滑口感与时装面料的柔顺丝滑联系在一起,暗红的画面主色调烘托出品牌的性感与优雅(见图 4-42);而第二则广告,则因为和毒品产生了联系而引发了巨大的争议,画面中,吸毒的动作、颓废的眼神,无一不是在以一种负面的信息状态博人眼球(见图 4-43)。尽管这不是广告的初衷,但是,这很可能在实际上起到很坏的宣传与舆论导向作用。作为一个设计师,将自己的设计作品置于大众视野中时,是需要先将自己的想法和大众观念、大众标准进行对接的。设计所要创造的独特感和非平庸,也是以符合大众的价值观与道德观为前提的。

图 4-42　Sisley 的 Fashion Junkie 海报 1　　　　图 4-43　Sisley 的 Fashion Junkie 海报 2

3. 生活因素

关注目标受众的生活环境和生活方式是设计师需要把握的重点之一。生活环境不同,对生活的理解也就不同;生活方式不同,对消费与服务产生的需求也就不同。设计师如果不能准确把握受众目前的生活状态与生活观点,就会在认识上产生误读,在广告定位上产生偏差,从而产生广告主张的不明确并有可能产生对受众的误导。因此,设计师要时刻注意客观地将自己置于生活中,关注受众当前的生活与存在。

比如工作与休闲,就是两种截然不同的生活状态,准确把握这些生活细节,经常能为主题带来一些不错的创意。图 4-44 所示,是雀巢咖啡在秘鲁的一则名为"Postit"的平面广告,"Postit"作为名词就是便利贴的意思,作为动词,则有快速行进的意思。画面中,一位职业女性面色愉悦地正在享用咖啡,她身后的墙上密密麻麻贴满了便利贴,记录着各种琐碎工作安排。而在她身前,所有的便利贴都整齐划一地一线排开,井井有条。问题的关键就在于这一杯咖啡。这则广告通过一种生动且直观的画面情节,向受众传达了关于主题产品——雀巢咖啡的提神醒脑功效:不管你目前的工作有多棘手、多凌乱,好吧,喝杯咖啡,整理一下思绪,收拾下心情,一切都将变得井井有条。和这则广告同一系列的还有另一则广告,画面主人公变成一个管道维修工,创意手法则完全一致(见图 4-45)。在工作状态中,咖啡经常被用作提神醒脑、缓解压力的饮品,因此,创意可以从人们在工作状态中呈现出的一切常态情境中去挖掘和寻找。雀巢还有另外一则广告,是对于一种生活习惯的生动描述。画面中,11 杯咖啡整齐地排放着,对应于 11 个钟点,通过调羹的转动,表达时间的流逝(见图 4-46)。看来,对于一些人而言,咖啡不仅是缓解疲劳的工具,而且已经成为一种不可或缺的生活节奏。当然,雀巢咖啡也有很多以休闲状态或情感交融为题材的广告作品,在此就不一一列举了。关注生活细节,学会从不同视角审视生活,会让人产生很多具有创意并且贴近心灵的想法。

图 4-44　雀巢咖啡海报 1

图 4-45　雀巢咖啡海报 2

图 4-46　雀巢咖啡海报 3

4. 经历因素

经历使人们增长见识,经历使人们形成对生活和世界的态度,也影响设计师对图形设计的主观定位,同时也制约着受众的客观理解。这里所说的经历,也许并非生活的常态,却是真实来源于生活,来源于对生活细节、对社会现象的关注。通常,这样的题材本身就容易引发大众关注与讨论,因此,当运用创造性思维方式将其进行艺术化呈现时,就已经自然而然地将其引导力和号召力进行了放大。比如说,环保问题,就是和生活休戚相关,但又往往被人们所忽视的问题。因为其往往是以一种与大众生活紧密相关的必然存在而隐性显现。如果不特意强调,这些问题就会一直成为人们生活的一部分。只有当其成为话题后,才能引发大众关注,凸显问题严重性。而形成话题的关键就在于要使大众产生一种经历感。就以汽车尾气排放问题和方便筷问题为例。如图 4-47 所示是一则名为"Bursting Earth"的公益广告,为了引发人们对二氧化碳排放所引起的温室效应的关注,设计出了这样一种很具有"经历感"的事件情节。创意在用显性事件陈述隐性问题的过程中形成了。如图 4-48 所示是一则反对砍伐森林的公益海报。作者也选择了一种很有经历感的事物——方便筷作为创意源,并且也同样运用了通过显性动作映射隐性问题的方式来唤起人们对森林砍伐的关注。在做出一个看似简单的折筷动作的时候,有没有想过一些更深层的问题:一棵 50 年树龄的树,以累计计算,产生氧气的价值约 31 200 美元;吸收有毒气体、防止大气污染价值约 62 500 美元;增加土壤肥力价值约 31 200 美元;涵养水源价值 37 500 美元;为鸟类及其他动物提供繁衍场所价值 31 250 美元;产生蛋白质价值 2 500 美元。除去花、果实和木材价值,总计创值约 196 000 美元。一亩树林,每天能吸收 67 千克二氧化碳,释放 49 千克氧气,足够 65 个人呼吸之用;一亩树林,一个月可吸收二氧化硫 4 千克,相当于一台杀菌剂制造机;一亩树林,一年可吸收灰尘 22 吨至 60 吨,它是一台天然的吸尘器;一亩树林比一亩无林地多蓄水 20 吨,等于一座地下水池。而一棵生长了 20 年的大树,仅能制成 3 000~4 000 双筷子。日本人发明了一次性筷子,日本全年使用一次性筷子大约有 257 亿双,但日本国内的一次性筷子的产量只占 3%左右,97%的一次性筷子是从中国进口的。日本的森林覆盖率高达 65%,而中国的森林覆盖率还不到 14%,中国现在每年生产大约 450 亿双一次性筷子,出口到日本、美国等 38 个国家和地区,出口总量 186.093 9 万箱,同时需要砍伐 2 500 万棵树。按照目前的速度,中国可能在 20 年内就要砍掉所有森林。而我们自己消耗的筷子,就无法计数了(见图 4-49)。

图 4-47 Bursting Earth 公益广告

图 4-48 反对砍伐森林公益广告 1　　　　　　　　　图 4-49 反对砍伐森林公益广告 2

5. 习惯因素

在生活中每个人都形成了自己观察和认识对象的方式,在长期的社会生产与生活实践中,人们对于一些特定的图形形式形成了固有的看法和认识,当然其喜爱和偏好也是因人而异的。充分了解和分析受众的思维习惯、欣赏习惯、审美习惯,并利用好这些因素,能够为创意找到捷径。图 4-50 和图 4-51 所示是反对人口贩卖的公益广告,作者运用了条形码这样一个很具特征性的图形形式来表达"商品与贩卖"的意思,并运用同构的方式对其进行了形态改造,直接点明了主题"人口贩卖"。当然,在一些商业广告中,也能看到很多利用人们所熟知的图形形象进行二次设计的成功案例。如图 4-52 至图 4-57 所示是来自西班牙 Forma-Co 平面设计工作室的一个名为"Re-Vision"的设计作品,就是以代表着流行文化的、人们所熟知的角色为创意源,进行明信片设计。极简主义的画风配上鲜艳的色彩,设计师将人们眼中的"流行符号",通过新的诠释展现出来。实际上,关于流行符号,每个人都会有自己的解读。设计与流行文化融合,总能带给人不一样的新鲜体验。也许,这正是设计师创作这套作品的初衷吧。

图 4-50　反对人口贩卖公益广告 1

图 4-51　反对人口贩卖公益广告 2

图 4-52　Re-Vision 设计作品

图 4-53　Re-Vision 中的《复仇者联盟》角色形象

图 4-54　Re-Vision 中的绿巨人

图 4-55　Re-Vision 中的蜘蛛侠

图 4-56　Re-Vision 中的耶稣

图 4-57　Re-Vision 中的超人

6. 市场因素

广告最终要见诸市场,而创意也必将为受众所检验。设计师在进行创意时必须考虑其作品的社会意义和经济效益,创意的目的是让产品、服务、观点被社会接受,被受众认可。设计师在进行广告创意时,将面临来自于两方面的问题:其一是在商业同质化竞争日趋激烈、各种广告信息满天飞的情况下,如何让广告创意独特新颖、博人眼球,获得受众的关注;其二是如何最大限度地传达广告主意图,实现广告效益的最大化。只注重一方面而忽视另一方面的做法只会让广告陷入"没人看"或"看不懂"的境地。

五、优秀广告创意应具备的条件

广告创意既是独创性意念的寻求过程,也是设计师对于意念的表达方式和表现形式的设计过程。优秀的广告创意,不仅需要有好的想法作为依托,而且需要以好的画面来对想法进行呈现和表达。

(1)创意上——意料之外,情理之中,既符合逻辑,又超出常人的想象。

创意通常包含了两个层面,即"情理之中"的正常层面与"意料之外"的非正常层面。情理之中,是创意的前提。创意并非漫无边际的"无事生非",而是基于受众的基本认知,通过从"情理"中构建起"过度"及"离谱"的因素,来产生"意外"。因此可以说,"情理"是"意外"的基础,"意外"是"情理"中的"意外",两者的适度融合产生了创意。如图 4-58 和图 4-59 所示是 Sherwin Williams 速干油漆的两则广告,情理性与意外性都是围绕油漆"速干"的产品特性而产生的。情理性体现在:由于"速干",刷过油漆的东西可以马上使用。意外性则体现在:过于快速,以至于刚刚刷完油漆就完全干透了。于是,围绕这个思路产生了一系列生动有趣的画面情节:公园的长椅上,油漆工正在刷油漆,一对恋人就马上坐上去了;海边的沙滩上,油漆工正在刷油漆,人们就已经把小船推进水中了。再来看一则 Scabelli 物流公司的海报创意(见图 4-60),该广告主题为"There are no impossible removals."(没有什么不可能移动)。画面所展现的情理性在于:客户的任何物品,都能原封不动地送达目的地。而意外性在于:即使是海滩上人们度假垒砌的沙堡,也能搬运。通过对情理性和意外性尺度的有效把握,不仅能产生很好的来源于生活的创意情节,而且由于这些情节本身贴近受众感受,因此容易在形成趣味性的同时被受众接受。如图4-61所示是一则苗条霜广告,产品能有效减肥是正常情理,而设计师却用了一种夸张的手法来表达意外的减肥效果和苗条程度,使人在感知产品特性的同时也加深了印象。

图4-58　Sherwin Williams 速干油漆广告1

图4-59　Sherwin Williams 速干油漆广告2

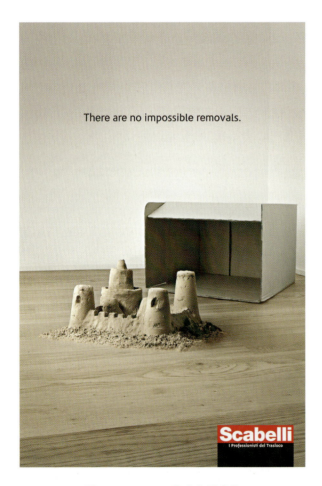

图4-60　Scabelli 物流公司广告

图4-61　苗条霜广告

(2)视觉上——视而可识,察而见意,既能抓住观者的视线,又能让观者读懂创意的内涵并理解和认同。

关于这一点,同样也包含两层意思,即画面既要通过独特的形象塑造和形式构成产生视觉冲击力和捕捉力,又要能清晰明了地呈现创意内涵。如图4-62和图4-63所示是某品牌床上用品的两则广告,主题为"100%棉的床上用品"。为了同时表达主题中"纯棉"和"床上用品"这两层意思,该广告巧妙地将枕垫形态和成熟的棉花结合在一起,既简洁明了,又生动形象,同时,也产生了一种具有新奇感和趣味性的画面视觉形象。再来看两则益达健齿糖的广告(见图4-64和图4-65),画面中,运用夸张手法塑造出被牙齿咬断的调羹和哨子形象,被咬痕迹清晰可见。广告旨在通过这种夸张形象吸引受众注意力,引发受众对于牙齿坚固度的联想,从而突出广告主题——产品促进牙齿健康。

图4-62 床上用品广告1

图4-63 床上用品广告2

图4-64 益达健齿糖广告1

图4-65 益达健齿糖广告2

(3)画面上——夺目雅致,激发美感,视觉冲击力强,形式美效果好。

广告毕竟是一门视觉艺术,所有信息最终都是以视觉元素为载体向受众进行传达的,因此,广告创意对于画面的形式美与视觉冲击力往往都有较高的要求。创意不能仅仅停留在好的想法阶段,创意本身也包含着表达与呈现的部分与过程。只有在视觉层面上能引起受众关注,引发愉悦感或思考的广告画面才有可能得到受众的认同,产生有效记忆与辨识。还有些时候,美妙的画面本身就能支撑或增强创意内涵。来看一组由BBDO德国分公司为百事可乐设计的主题为"dare for more"的平面广告(见图4-66至图4-68),设计师巧妙地以一种独特视角呈现自然与人,并将百事可乐的LOGO融入其中。这个过程中,除了拍摄外,还反映出设计师对于美妙画面的一种主观组织与驾驭。这样的画面,在带给受众视觉震撼、得到受众由衷赞美的同时,更是很好地表达了主题——百事可乐一直以来所倡导的勇于进取、勇创新高的企业精神与赋予大众正能量的追求。

图 4-66　百事可乐 dare for more 广告 1

图 4-67　百事可乐 dare for more 广告 2

图 4-68　百事可乐 dare for more 广告 3

(4)制作上——精良考究,放而不浮,制作手段选择和设计构思吻合。

在计算机图形技术和数码技术的广泛参与下,创意表达和呈现无疑获得了更多的技术支持与发挥空间。创意永远不能脱离于技术,设计构思也需要和制作手段相吻合。如图 4-69 至图 4-71 所示,是汰渍洗衣液的一系列平面广告,运用三维特效制作出由各种汁液和衣服褶皱形成的人脸,通过"亲吻"的情节设计生动有趣地传达出衣服被污渍沾染的事实。这种基于精良制作基础而形成的贴切比喻关系,毫无疑问是对创意想法的强力支撑。类似这样的手法还有很多,比如 Zaini 公司题为"The smoothest milk chocolate"(最顺滑的牛奶巧克力)的广告(见图 4-72),以及强生公司的"威猛先生"去除油渍产品海报(见图 4-73)。

(5)社会效果上——功效显著,恰如其分,艺术水准和商业、社会效应并举。

就广告的功能性而言,它需要承载来自于广告主的关于产品、服务或观点的相关信息,并将其有效传递给目标受众,从而产生认同与共鸣。就广告的艺术性而言,无非是用一种更适合于大众审美习惯、审美期待与认知能力的方式实现信息传递,而非平铺直叙。因此,创意的意义就体现在以一种艺术的方式、诙谐的手法,陈述一段平常且朴实的事实。

图 4-69　汰渍洗衣液广告 1　　　　　　　　　图 4-70　汰渍洗衣液广告 2

图 4-71　汰渍洗衣液广告 3

图 4-72　Zaini 公司 The smoothest milk chocolate 广告　　　　图 4-73　强生公司"威猛先生"去除油渍产品广告

六、广告创意的程序

在多数时候,广告创意并非依靠一刹那的灵感闪现而得到,而是长期知识和信息积累的结果,要经过一个复杂而曲折的过程,或者说是一个严密的组织调配过程,在这个过程的每一阶段都需要有意识地解决问题,既要保证这一阶段的合理性,又要考虑这一阶段同下一阶段的衔接,使得每一环节都相互贯通。创意的过程是一个主观说服的辩证过程,设计师必须不断问自己"要说什么""能说什么",然后要分析受众"想要什么""在乎什么""能接受什么"。接下来才是用什么样的形象和形式去说服受众。大致来说,广告创意一般经过以下几个阶段。

1. 资料收集阶段

这一阶段的工作重心是为广告创意收集、整理并分析信息、事实和材料,主要包括相关产品、服务、消费者及竞争者等方面的资料。这是广告创意的主要依据。设计师通过资料的收集和整理,并在对其有了全面而深刻的了解和认识后,才有可能发现产品特性与目标消费者诉求间的契合点,才能激发创意的产生。

2. 资料分析阶段

分析资料是解决问题的前提。只有通过分析弄清楚问题的症结后,才能针对问题提出策略和做出创意的抉择,并就解决问题的方法做出正确的评估。这一阶段的工作重心主要围绕两点进行。第一,分析资料的可用性。收集到的资料未必都是有价值的,需要通过归纳和整理,从中找出商品或服务最有特色的地方,找出消费者最感兴趣的地方,这样广告创意的基本概念就清楚了。第二,分析可能制约创意产生及呈现效果的各种原因。通常制约创意的原因有:设计师的经验和生活的积累;受众的理解和感悟能力;图形对创意内涵的解析程度;创意思维和主题表现间的逻辑联系等。

在这个阶段,创意者要用心智,从用户需求和产品特质的关联处去寻求创意。

3. 策略取向与定位阶段

策略是在对资料信息的全面、综合分析基础上的一种计划。策略取向上应注意的问题是:图形作品针对的受众层面和范围;人的心理特征、理解能力、爱好和兴趣等的个体差异和群体差异;同一设计主题的多种策略取向;时代特征和社会环境的要求;传播的媒介和市场因素;图形的潮流趋势等。把这许多方面汇集起来,酝酿何种创意更利于图形的显现,何种表现形式和手段更利于完整、准确、有效地传达信息。

4. 抉择阶段

在分析和有明确定位的基础上,选择最有新意、最能准确传达创意的构想,确立独特新奇的创意手段。在这一过程中,需要我们运用各种思维方式探求如何把设计师的想象转化成视觉形象。

5. 表现与制作阶段

表现和制作阶段并不仅仅是按抉择结果进行后期加工,这个阶段仍是一个再创造的过程,也是一个调整原创意乃至发现新创意的阶段。

以上就是在进行广告创意时应基本遵循的程序,这些步骤反映的实际上是我们对于问题的解决思路与解决手段的选择。可以进一步将其概括为:首先,提出策略点,定义出目标的核心精髓;其次,找寻创意点,即通过出乎意料的组合和耐人寻味的比喻、夸张,将目标对象置于一种新的、引人关注的情境中;最后,落实执行点,即表达出创意点子。如"绝对"牌伏特加酒系列海报中,有几张形象鲜明,主题突出,手法一致,且极具画面美感与趣味,因此广受好评。这一系列广告所围绕的策略点就是"排他而绝对的喜爱",很好地契合了产品的品牌名"绝对";根据策略点,进而提出创意点,即当你喜欢某一样东西的时候,你看什么都会像它;接下来,找到执行点,即运用所有不相关的元素表现产品外观。

七、广告创意的目的与意义

广告创意作为一种对视觉符号的塑造与呈现过程,意在创造一种能够迅速传递信息的印象,并且需要在瞬间给人留下完整、深刻、强烈的生动形象。广告创意是以沟通受众和市场并取得一定的文化启示效应为目的的。这一目的可以从"创意—广告作品—传播结果—产生的效应"的过程中感受到,简言之,就是要让受众"看得见—看得懂—看得下去—开始想"。所谓"看得见",是指作品要有视觉冲击力,能引发受众关注;所谓"看得懂",是指画面主题明确,简洁明了;"看得下去"是指创意及画面能让受众产生愉悦感,或者不反感;"开始想"是指广告带给受众一定的遐想和思考空间。

广告创意的意义在于通过独特的视觉语言引导和劝服受众,在于感性、直观地反映出社会关注的话题,在于使受众对广告信息的态度从无意注视到有意注视再到决定是否行动。在现代社会中,视觉语言所具有的直接可视形象使它几乎每时每刻都在同受众对话,从而使信息的创意化呈现成为大众认同的行为。广告既要通过创意服务于社会,产生经济效益和商用价值,又要传达设计师的设计观念,引导大众审美意识。

Guanggao Chuangyi yu Biaoxian

第 5 章
广告创意的表现手法

创意想法需要借助于合适的表现手法进行视觉呈现,才能形成最终的广告创意。表现手法的选择一方面由主题类型和画面内容决定,另一方面也受品牌调性和受众审美等因素影响。以下就是广告创意中常用的一些表现手法。

一、图与底

图与底在广告创意的画面呈现中具有简化图形、增强视觉趣味的重要作用。按照人们的视觉习惯,多数情况下,面积较小的面总是被看作图;面积较大的面通常被看作底。对称的、动感的易成图;非对称的、静止的易成底。图和底都能成为独立的知觉整体,使图形的空间得到最大限度的利用,也让画面层次在趣味性中得以丰富。在广告创意中,图和底中包含的形态内容一般具有较强关联性,由图和底两方面共同构建主题信息。如图5-1所示是WWF的一则主题为"保留你的世界,保留你自己"的公益海报。画面中的底是由树丛构成的自然景象,图是由瀑布和石头构成的一张人脸。主题由图和底的内容共同构成,即探讨"人与自然的和谐共存"话题。又如图5-2所示是一则反对酒后驾驶的公益海报。围成一圈欢呼的毕业生构成了画面的底,而阴云笼罩的天空和抛向空中的三顶学士帽共同构成了图,俨然是一张可怖的脸。图和底的内容共同警示:不要让酒后驾驶再次酿成乐极生悲的惨痛结果。在广告创意中,各种看似平常的关系,通过图与底的方式进行呈现,可使画面趣味得以大大增强(见图5-3至图5-6)。

图5-1 "保留你的世界,保留你自己"公益海报

图5-2 反对酒后驾驶公益海报

图5-3 《观察周刊》广告1

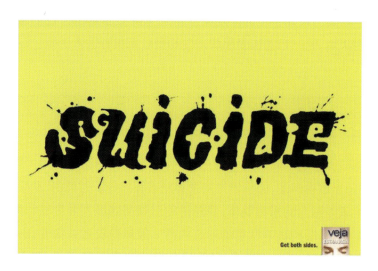

图 5-4 《观察周刊》广告 2

图 5-5 《观察周刊》广告 3

图 5-6 动物园广告 1

二、替换

在保持原物象整体形态基本特征的基础上,将形态局部加以替换,以使整体形态具有新的含义。通过替换产生的新形态往往离自然的真实较远,但更接近社会生活意义的真实和艺术的真实,引发联想或思考。如图5-7至图5-9所示是一组关于行驶途中佩戴安全带的公益海报,画面中,将人体骨骼的连接处替换为安全带扣,新的形象让我们马上就联想到一旦发生交通事故,不系安全带会导致脱臼、骨折甚至丧失生命的恶劣后果,点明主题。又如图5-10所示是一则摩托车头盔的商业广告,该创意为表现产品对于头部的细心呵护,将头盔替换为数只手,紧裹头部,非常形象生动地表达出主题。

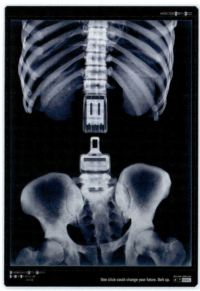

图5-7　佩戴安全带公益广告1

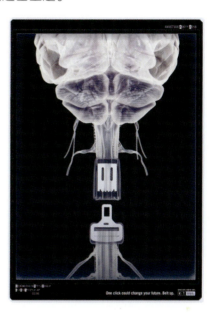

图5-8　佩戴安全带公益广告2

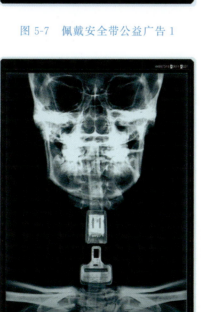

图5-9　佩戴安全带公益广告3

图5-10　摩托车头盔商业广告

三、特异

在较符合一般规律或较秩序化的形态中,在局部加入某种异变元素,使画面产生反规律性或反秩序性的特异变化。这也是广告创意中的常用手法之一。如图5-11和图5-12所示是为土耳其奥运代表团而作的题为"厌倦了输在起跑线上?——支持土耳其体育摆脱财政困难"的公益海报。在图5-11中,对原本规则的泳道进行了局部异变,将土耳其所在的泳道出发点后移,意寓在起点上的落后。在图5-12中,对规则的乒乓球台也进行了异化处理,将土耳其队的球台加长,使观者明确感受到困难加剧。这两则广告手法一致,都是用特异对原有规则或秩序性的客观物进行符合于主题的改造,以产生新颖独特的画面情节。

图5-11　土耳其奥运代表团广告1

图5-12　土耳其奥运代表团广告2

四、正与倒

一般情况下,人们乐于在正与倒的关系中寻找某些潜藏的、影射的内涵与意义。这跟人们长期受到来自于固定方向的刺激有关,以至对形态的视觉感知形成了固定的知觉习惯。比如说,习惯于从上到下、从左到右的视觉秩序。正与倒的手法实际上是打破视觉形象的恒常性,引导受众进入一种隐含对比联系的有效途径。有些时候,画面元素的正与倒关系表现得并不十分显著,甚至是不易察觉,但正是这种细微的变化能够成为表达主题的绝佳手段。如图5-13所示是一则保护消费者权益的公益广告,主题为"当心"。画面中是密集的平房,广告文案为"你是如此漠不关心吗,以至于你甚至没有注意到这幅画挂倒了。"根据文案的指引,才会发现,这确实是一幅倒挂的画面。显然,该广告希望通过画面这种难以察觉的正与倒,来隐喻不良商家的隐性欺骗与是非颠倒行为,以此提醒消费者注意维护自己的合法权益,而非漠视。还有些时候,在画面元素的正与倒过程中,就已经产生了新的形态语义,并能很好地与主题内容相契合。如图5-14所示是一则测孕棒产品的广告。画面中,一个倒置的问号恰好形成了一个孕妇的简笔形态,一正一倒的双重语义,构建起"是否怀孕,测测便知"的广告主题,既生动,又直观。

图 5-13　保护消费者权益公益广告　　　　　　　图 5-14　测孕棒广告

五、空间层次

在平面广告中，经常运用二维与三维混合构成错视，以各种色彩、明暗、透视、分离、相接、透叠、联合、重合等组合方式，使画面产生强烈的空间感或离奇的空间关系，形成多维的独特形象。当然，通常这种空间关系的构建，并不是单纯地以获得独特视觉形式为目的，更多的时候是作为创意本身或主题内容而存在。如图 5-15 所示是 ORKIN 杀虫剂的一组平面广告，主题为"Pests have nowhere to hide"（害虫们无处藏身）。为了直观表达无处藏身，设计师出人意料地做起了空间游戏，将房间内一切可供藏身的物品统统平面化，以这样一种绝对犀利的视觉表达方式，近乎完美地支撑起创意的核心内容。又如图 5-16 至图 5-18 所示是三星摄像头的一组平面广告，主题是"360°的全广角"。画面通过夸张地将人脸平面化，来表现 360°无遗漏的广角效果。以上例子都是通过非客观空间的构建来切合主题，换句话说，这样的空间在真实生活中是不存在的。

图 5-15　ORKIN 杀虫剂广告

而在另一些广告中,是通过对真实空间的组织,来形成画面趣味。如图 5-19 所示是法国航空公司的一则平面广告创意,通过前景与背景的空间组合方式,在远景天空中的飞机与近景的人之间建立一种互相联系的空间构造,产生趣味性的画面情节。这是一种以偶然性形式呈现必然性结果的常用手法,这样的空间构成,通常给人以自然、真切,又不失趣味的感觉,常用于直接表现手法。

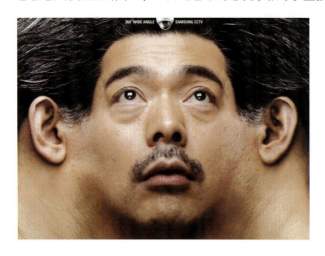

图 5-16　三星摄像头广告 1

图 5-17　三星摄像头广告 2

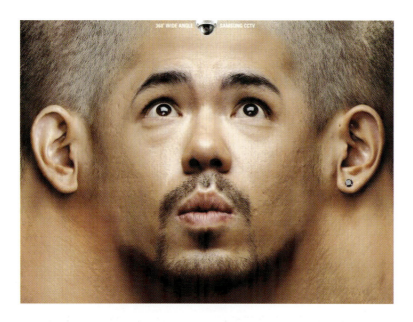

图 5-18　三星摄像头广告 3

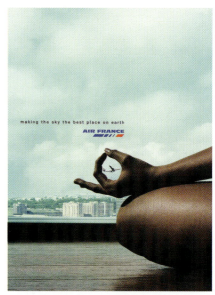

图 5-19　法国航空公司广告

六、文字图形化

在广告创意中,文字是和图形、色彩同等重要的视觉元素,以文字为要素进行创意的广告也是屡见不鲜。文字在这种情况下不仅仅发挥字义上的作用,字形上也表达了一定的概念,我们通常将其称为文字图形化。如图 5-20 所示是麦当劳的一组平面广告创意,画面中,将麦当劳的"M"变形为其相关的四种产品的形态,分别表现"真的很大很大的汉堡""新鲜的鱼肉""新鲜的蔬菜""新鲜的奶制品"。形态生动,语义明确。

又如图 5-21 所示是麦当劳的另一则广告,画面中,将大篇幅的文字编排为薯条的形态,既保证了文字信息本身的阅读性,又使文本轮廓形态与主题内容产生了生动的对接。

图 5-20　麦当劳广告 1　　　　　　　　　　图 5-21　麦当劳广告 2

七、直接法

直接法是以写实的描绘或影像手段直接反映现实。通常来说,某些观念或主题,适合于以"真实的现实"方式进行呈现,这样也更容易为人所接受。借用各种造像手段,准确、真实、生动地反映生活的本来面目,能引发人类心灵的深层震撼。而这种震撼往往来自于对生活中微不足道的细节或正常情况下人眼无法观察到的现象的再现,而往往这些东西是被忽略掉的。当以影像写实的方式对其进行夸张或放大呈现时,效果就是显而易见的了。如图 5-22 与图 5-23 所示是两幅主题为"肥胖就是自杀"的公益海报。画面中,将容易引起肥胖的高热量食物,以"人体炸弹""自缢"等自杀方式进行直观呈现,主题表达明确,视觉冲击力强。从这两个例子可以看出,直接并不意味着平铺直叙,通常也需借助于比喻、借代等方式增强画面情节性与故事感。如图 5-24 所示是一则电话救援的广告,广告通过实景实物的方式呈现出一个施救与被救的生动场景,却没有出现任何人的形象,只是一个电话从一口深井的井口传递至井下,且画面是以被救者的第一视角展现。这样的画面不仅故事感强,而且紧扣服务内容。而另一则来自于威斯康星剑术学院的广告更是将这种直接法运用得淋漓尽致(见图 5-25)。画面中,一位击剑运动员在训练完后喝水,在他饮水的同时,水又从他身上的若干个小洞中喷出。这样一种夸张而意外的画面情节却与广告主题"学会这个世界上原始的身体接触运动"巧妙匹配。由此看来,直接法在传递给受众写实影像的同时,却往往不是以真实性胜出,它同样也有着无尽的意外与创想空间。

图 5-22 "肥胖就是自杀"公益海报 1　　图 5-23 "肥胖就是自杀"公益海报 2　　图 5-24 电话救援广告

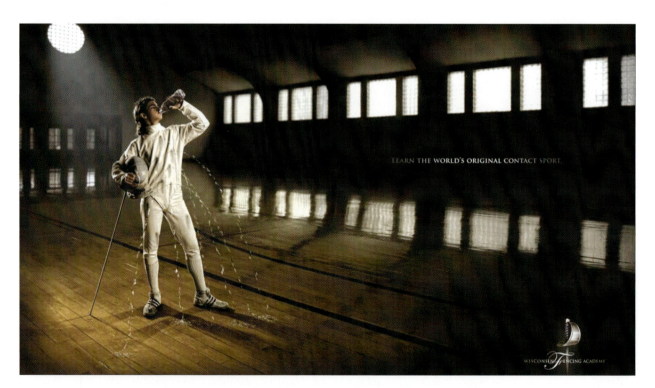

图 5-25　威斯康星剑术学院广告

八、间接法

间接法是指画面中不出现目标对象本身,而是借助于其他有关事物来表现目标对象,这种手法容易给人以较大的思考空间。如图 5-26 所示是一则呼吁关注地雷受害者的公益海报。海报主题为"地雷受害者们发现,他们很难养活自己"。画面中,并没有出现任何受害者形象,而为了表达主题内容,将一副折断的筷子作为画面的主体形象,寓意无法吃饭,难以生存。而折断的筷子在形态语义上又容易让人联想到被地雷炸伤的双腿。间接法容易给人以想象空间,引发思考,但由于它是通过相关事物隐喻目标事物,在形态表意上存在着多向性与不确定性,因此对画面文案的要求颇高。再来看一组某巴士公司的广告创意(见图5-27),画面中,都没有出现巴士的形象,都是以相关事物作为主体形象,以此来表达各自的广告主题,分别为:用绿地通道表达环保;用空旷站台表达车次频繁;用包装盒表达车辆更新;用大象的庞大身体表达双层巴士的使用。

图 5-26　关注地雷受害者的公益海报

图 5-27　巴士公司广告

九、对比法

对比法是以衬托的方式,使主体得到更强烈的体现。对比部分可以是抽象的也可以是具象的,可以是物与物的对比,也可以是设计元素的对比。对比可以把图形中最突出的事物性质和特点放在鲜明的比照中表现出来,以吸引受众的关注。如图 5-28 所示是一则主题为"只有在动物园里,它们才能在一起"的广告,画面中,一头体型庞大的大象和一只山鹰同时站在两个高耸入云端的山峰上对视。设计者试图通过这个荒诞而有趣的情节博得受众关注,而关键就在于,通过大象与山鹰、山峰等产生的巨大反差,来形成强烈的视觉冲击。当然,体量上的对比是较直接的一种对比关系,除此之外,在有些广告中还存在着一些间接和隐晦的对比关系,更容易产生有趣的画面情节与故事感。如图 5-29 所示是一则牛奶广告,画面虽然没有出现任何与主题相关的元素,但设计师却通过对比法,将"喝牛奶可以使你变高"的主题,以一种很有故事感的画面情节,趣味性地展现出来,显然,这种方式比起直接出现牛奶产品或以量化的方式呈现身高变化要有效得多。可见,即使同样都是对比法,也应该多考虑如何更好地结合主题类型及内容进行对比呈现,而不要在一开始就将思路局限在某种直观或直接对比关系中。图 5-30 展示了另外一种对比,即行为及行为结果的对比。画面中,三个猎人并排打猎,前两个举起枪对着天空作瞄准状,第三个则洋洋得意地拿着吸尘器的吸引管,从天上吸下一只野鸭。这种对比关系之所以能够给人以夸张而又不失自然之感,主要是基于以下两点原因:①行为动态及道具形态的相似性;②情理中的意外结果。当然,有些时候,在一些广告中对比法的运用非常直观,但由于和主题的契合度很高,因此也能取得不错的效果。如图 5-31 所示是大众新 Polo 的一则主题为"太杰出了,以至于人们认为你也同样杰出"的平面广告。广告中的对比关系完全围绕着"你也被关注了"的情节而建立。于是,除了新 Polo 外,画面的焦点就落在了车主和路人衣服上车主的照片上,而车主动作与神态上的喜感更是强化了画面情节的诙谐与幽默,增强了广告注目度与记忆度。

图 5-28　动物园广告 2

图 5-29　牛奶广告 1

图 5-30　吸尘器广告

图 5-31　大众汽车广告

十、独特视角

利用独特的视角，对常见事物进行视觉呈现，也能产生巨大的视觉震撼力与新奇感。这种感觉往往来自于人们对事物在不经意间所展现出的美感的敏锐捕捉力或以不寻常的视角进行关注。如图 5-32 与图 5-33 所示，画面主体形象皆为普通物，然而在对其进行了视角的组织与选择后，展现出了很不寻常的视觉美感与趣味性，以此激发观者的审美认同感。而在更多时候，广告创意中的独特视角则是来自于根据主题内容，对相关素材进行主观构建，从而产生与创意本身有直接关联的信息内容。如图 5-34 所示的广告主题为"牛奶补钙"，在通常情况下，盛满牛奶的杯子很难和牙齿产生形态上的关联，但通过对多个杯子的组合，并利用合理的视角进行呈现，洁白的牙齿形象即刻出现在画面中，进而直入主题。相关的例子还有很多，在此就不一一赘述（见图 5-35 和图 5-36）。

图 5-32　独特视角 1

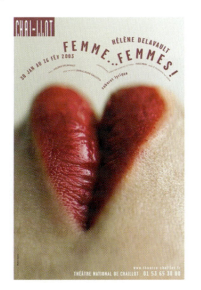
图 5-33　独特视角 2

图 5-34　牛奶广告 2

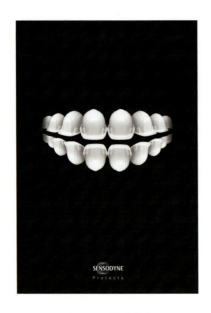

图 5-35　牙膏广告　　　　　　　　　　　　　　　　　图 5-36　餐厅广告

十一、反比例

基于长期的生存实践与生活感知,人们对周围的环境及环境中的任何事物形象都形成了一个比较稳定的空间和大小概念,若打破这一固定比例关系,将事物形象放大或缩小,必然造成一种独特的画面环境与特异的视觉效果。如图 5-37 和图 5-38 所示是 iPhone 的一组题为"All movies now on your iPhone"的平面广告。画面中,手指体量被极度放大,泰坦尼克号邮轮与足球运动员瞬间成为"被玩弄于股掌中"的"玩物",不仅构建起戏剧性的画面情节,而且更重要的是紧扣主题,生动表达了产品特性。又如图 5-39 所示,将人的体量缩小,包裹并放置于烟灰缸中,形似一颗熄灭的烟蒂,以此表达生命在香烟毒害面前的脆弱与陨灭,极具思考性。

图 5-37　iPhone 广告 1　　　　　　　　　　　　　　图 5-38　iPhone 广告 2

图 5-39　禁烟广告

十二、图形二次设计

图形二次设计是指将社会普遍认同的某种事件或公众普遍熟悉的形象,经过再度改造进行形态的创新与内容的更替,使之在保持公众熟识度的前提下产生耳目一新的感觉。如图 5-40 所示是 FearNet 在线恐怖片频道的一则广告,FearNet 是专门为恐怖电影粉丝们提供各种精彩恐怖片的网站,由索尼影业、美国有线电视运营商 Comcast 及狮门影业共同经营。该广告利用了最为人熟知的卫生间性别图标,对其进行形态再造,而产生具有恐怖意味的图形情节,烘托主题,渲染气氛。

图 5-40　在线恐怖片频道广告

十三、符号象征

人类的一切信息传播均可解释为符号现象,直接运用符号来表达事物和观点是一种常用创意手法。一一般情况下,符号既具有最为简洁、直观的形态,又具有最大限度的概括性和表现力,常用于表达概念、思想,或表现某一事件、现象。如图5-41与图5-42所示,红丝带已经成为艾滋病AIDS的符号象征,对这个既无具体形态又涉及性的敏感话题,通过符号进行表达,既直观易懂,又能避免画面上出现太多带有隐私性和性挑逗意味的信息内容而造成的负面影响。当然,除了红丝带外,还有一些符号也经常被人们用来隐喻与性有关的话题,比如说:鸟、鱼、蝌蚪等。这些符号其实是和人们长期以来形成的一些固有观点和看法有关,有些甚至算是一种从古至今的文化现象。比如,在我国原始社会时期就有将鸟比作男性生殖器、鱼和蛙比作女性生殖器的生殖崇拜,大量出土的陶器上都有相关纹样(见图5-43)。在现代广告中,符号的运用不仅仅起到指代的作用,很多情况下,符号形态本身也能成为创意内容。如图5-44所示也是一则预防AIDS的公益广告,画面中的安全套充当了鸟笼的角色,将一只"小鸟"牢牢罩住,用一种很风趣的方式表达了主题"Keep it safe. Keep out AIDS"。又如图5-45所示,在人潮密集的市中心,通过放置一个巨大的安全套模型,引发路人的互动体验与行为参与,颇具创意。当然,除了像预防AIDS这样的公益话题外,符号象征手法也频繁地被应用于很多商业广告中,特别是对于一些非物质产品或服务类广告而言,行之有效。如图5-46所示是一家英国的社交类网站广告,以鼠标连线为单位形态,组合成一朵绽放的花的画面主体形象,用以体现大众的参与、互动及个体的表达与释放。

图 5-41　预防 AIDS 公益广告 1

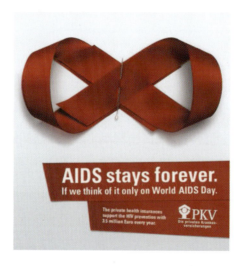
图 5-42　预防 AIDS 公益广告 2

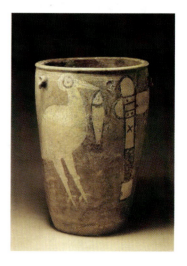
图 5-43　鸟衔鱼纹样

图 5-44　预防 AIDS 公益广告 3

图 5-45　预防 AIDS 公益广告 4

图 5-46　英国社交网站广告

十四、增构与减构

增构与减构是指对于原有物形结构或形态进行增加与减少的手法。其目的是在获取独特视觉形象的同时,使主题内容得到体现和强化。如图5-47所示是杜蕾斯安全套的一则创意广告,为了体现产品服务的领域,同时也避免主题本身的性意味过于显著地表现出来,于是巧妙地利用一个中性形态来进行增构处理。这样,既能起到点明主题的作用,又能以形态的趣味性化解过多的性意味。如图5-48和图5-49所示是一则芥末味食品广告,同样是运用增构手法,将人们吃芥末时的兴奋与刺激感以一种高度形象化的方式呈现出来,使画面既能以独特的视觉形象和强烈的视觉冲击抓住受众眼球,又能较好地契合产品特性,引发心理认同。可见,只有同时满足了内容上的契合性与形式上的独特感,增构与减构才会具有更强的说服力。

图5-47　杜蕾斯安全套广告1

图5-48　芥末味食品广告1

图5-49　芥末味食品广告2

十五、同构

同构就是将不同事物按照一定的关联性进行重新组合,利用新形态产生新的视觉语义。按照关联类型的不同,同构可以分为形态同构和质料同构。所谓形态同构,就是将本没有逻辑联系的事物,以形态的相似性作为契合点,进行事物间的组合,从而传达出某种特定的信息和关系,创造出新的意义和价值。如图5-50所示是一则主题为"速度致命,请慢下来"的交通公益海报。该广告创意以交错的公路立交桥构成一个躺着的人形,言简意赅,发人深省。需要指出的是,形态同构是要围绕主题进行有明确目的性的组合,而非仅仅考虑形态的相似性。因为形态的相似性只能保证组合具有可能性,而不代表组合后能产生和主题相关的意义。也就是说,不同物形间需要存在形态联系的可能性和具有意义关联的潜在性,而不可进行生硬的或盲目的连接。如图5-51至图5-53所示是比利时布鲁塞尔航空公司的一组题为"感受非洲色彩"的商业海报,也是采用形态同构的方式,在长颈鹿、猎豹、斑马身上的斑纹中,置入了飞机的形态,通过这样的形态结合,产生了既能表达非洲风貌、又能展现服务信息的新形态。形态同构,是增强画面视觉趣味和视觉捕捉力的有效途径,在一些广告中,合理运用形态同构手法,既能强化主题,又能博人眼球。如图5-54所示是杜蕾斯主题为"最大的愉悦"的一则广告创意,将手形与安全套上的颗粒结合起来,旨在通过肢体语言表达一种有形的愉悦感受,同时也能生动地描述安全套上的颗粒纹路带给人的非凡体验。

图 5-50　交通公益广告

图 5-51　布鲁塞尔航空公司广告 1

图 5-52　布鲁塞尔航空公司广告 2

图 5-53　布鲁塞尔航空公司广告 3

图 5-54　杜蕾斯安全套广告 2

　　质料同构，通常是指在设计中根据意图将一种物体的材质结合到另一种完全不同的物体上去，从而使两者发生关系并形成新的形态语义，同时也使原本平淡无奇的普通形象因为质料同构而形成新的视觉趣味。如图 5-55 所示是某品牌头发护理产品的广告，主题为"使你的头发强健"。因此，设计师将头发的质料与充满肌肉感的健硕臂膀结合在一起，在紧密围绕主题的同时，也产生了独特的视觉趣味。

　　当然，有的时候，形态同构与质料同构的界限并没有那么明确。同构只是手段，实现对主题的生动视觉呈现才是目的。因此，在运用同构手法进行创意表达时，一方面需要思维清晰、条理明确，厘清形与形、形与质之间存在的逻辑关联，另一方面也不要被到底属于哪一种同构所约束。如图 5-56 所示的广告画面中，将头发的质感、头发飘扬的形态、万马奔腾的形态等三者有效结合，这就是介于两种同构之间的一种综合型同构。

图 5-55　头发护理产品广告 1

图 5-56　头发护理产品广告 2

十六、偶然法

　　偶然法是以形态契合可能性与内容上的关联为基础，通过合理利用和有效组织偶然形态进行创意表达。偶然法的特点是：看似偶然，实则必然。所谓看似偶然，是指画面要给人自然的感觉，无做作的痕迹；所谓实则必然，是指偶然只是一种形式上的需要，是围绕主题内容进行的一种必然的组织。如图 5-57 所示是丰田越野车的一则广告创意。该广告就是偶然法运用的典型案例。画面中，在被揉皱的一本旧杂志上，印有一则丰田越野车的广告。由于车的部分完好,边缘部分皱痕明显,因此形成了一个有趣的画面,即越野车正在崎岖陡峭的山路上行进。又如图 5-58 所示的某品牌纸巾广告,为突出其出色的吸水功能,设计师运用偶然法构思了一个吸啤酒的小情节,纸巾上的水渍隐隐约约透出两个张开臂膀的人形,非常生动。由上可以看到,偶然法的关键不在于偶然形态本身,而在于设计师对于偶然形的适度控制与组织。通过对形态的人为控制,使必然形隐含在偶然形中,增强趣味性。

以上只是列举了一些在广告创意中具有代表性的且比较常用的表现手法,并不能涵盖全部,且在广告创意作品中,并不会绝对割裂、完全独立地使用各种手法,更多时候,是根据主题需要进行交杂运用。因此,对于广告创意的表现手法,切不可机械地模仿与运用,而更应该将其作为一些创意表现思路,进行不断推敲与尝试,只有这样,才能找到最合适于当前主题的呈现方式,进而形成完善的画面。

图 5-57　丰田越野车广告

图 5-58　纸巾广告

第6章
广告创意中的材质运用

实际上,对材质的运用,在现当代艺术创作中屡见不鲜。在很多情况下,艺术家都在尝试着将材质作为独特的视觉语汇与观念载体,在作品创作中给予了重点关注与广泛应用。艺术作品中的材质应用,并不是以一味求新求异为主导,而更应看重材质的形式、质感、肌理等特征是否与作品观念、内容、气质相吻合。很多时候,就算是最普通的材质,如各种纸材,也能因为艺术家根据主题需要,在构成形式上进行别出心裁的设计,而呈现出极佳的视觉效果(见图6-1至图6-5)。

现当代艺术虽然和创意设计属于不同的艺术类别,但两者之间却存在着千丝万缕的联系。从某种程度上讲,现当代艺术是创意设计观念的试验场和展示台。很多从事现当代艺术创作的艺术家,同时也是世界上知名的设计师。因此,从现当代艺术创作中,常常能够找寻到创意设计在未来若干年的走向和趋势。所不同的只是,现当代艺术创作更观念化、抽象化,属于纯主观艺术创作形态;而现代创意设计因为受到市场认可、受众认同等客观因素制约,因此更具象化、更个案化,属于受客观制约的艺术创作形态。因此,材质的运用,在现代广告创意设计中,也扮演着一个越来越重要的角色,并呈现出多元化发展趋势。材质作为一种独特视觉语言,对于设计创意具有重要支撑作用。在特定的主题语境下,通过合理、巧妙利用材质的色泽、质感、肌理、形态等各种物理属性,不仅能够有效强化主题内容,而且能通过独特形式美感给受众带来良好视觉体验。

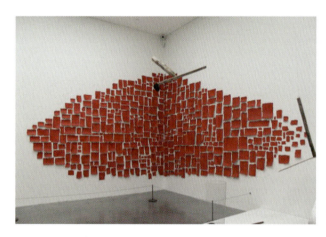

图6-1 纸材的运用1

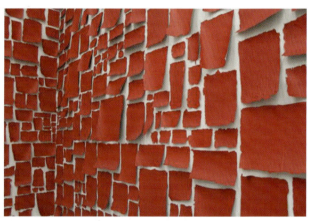

图6-2 纸材的运用2

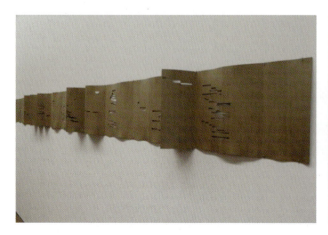

图6-3 纸材的运用3

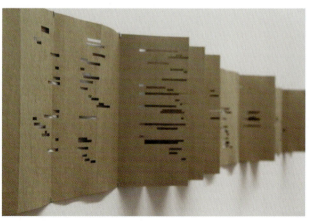

图6-4 纸材的运用4

图 6-5　纸材的运用 5

一、材质的作用

1. 话语叙事

艺术与设计作品中的材质,除了以物质化形态呈现外,更重要的是还同时以语义形态承担着话语叙事的任务。换句话说,材质不仅仅具有视觉层面的质感和符号性特征,还具有因与主题关联而产生的全新语义内涵。质感和符号性特征有助于形成独特的画面视觉形式,进而在最短时间内抓住观众眼球;而其语义性内涵能使主题内容得以强化,与观众的思想或者情感迅速产生共鸣和契合点。

2. 增强视觉冲击力

在当今的信息化时代,每天都有铺天盖地的信息蜂拥而至,导致人们产生严重的视觉疲劳。如何能使设计的广告创意作品在第一时间从众多信息中脱颖而出,瞬间吸引观众的眼球,是所有设计师都必须要深入思考的一大问题。这种瞬间的吸引是基于人类本能的生理视觉体验,它们来自材质的色彩、肌理、形态、材料及观众个人经历、文化层次等。

3. 引发受众综合感官体验

由于不同的材质在形态、肌理、质感、量感、色泽等方面呈现出有别于常规纸质的特性,因此较容易引起受众的综合感官兴趣,通过材质的合理运用,也能使广告创意作品具有除了视觉刺激以外的其他感官刺激,比如说触觉及对空间和光影的感受等。

二、合理利用各种材质特征进行创意表现

材质所提供的各种可能性是设计师释放自己创作思维的绝佳途径,设计师能够利用它们调动观众思绪与情感,使观众理解和记忆,实现视觉信息的最佳化呈现。当然,这也需要设计师细心体验与敏锐感知生活,主动运用心灵和观察力去捕捉和发现事物间的内在联系与个性特征,在特定主题语境下构建主题与材

质之间、概念与表现方式之间的逻辑关系,让创意真正做到有的放矢,从而使观众更加深入地理解设计的思想内涵。

1. 材质形态的运用

在平面广告中,图形往往是作为画面的最基本要素而存在,对于形态的考量也往往是设计师在设计工作中最重视的议题。当材质作为一种特有的视觉语言符号被运用于平面广告创意中时,其形态质感、形态可塑性及形态语义等相关特征自然也成为我们首要关注的内容。材质的物理形态分为两类,一类为固有形态,另一类为人为形态。根据主题语境需要,可以将材质的固有形态运用到设计中,也可在固有形态基础上进行改造变形,以达到视觉和意义上的最优体现。比如,生活中我们所能看到的铁丝,当它被拉直时给人以紧绷的金属质感,而在弯曲时则温婉而人性化;同一张白纸,当其完整全新时给人以空白感,而当被揉捏成一团时便有纠结复杂之感。同一材质在不同形态下带给受众的感受是迥然不同的,需要设计师深入体会,并根据主题语境的不同做出合理的判断与选择。如图 6-6 和图 6-7 所示是来自于英国 2012 年度 D&AD New Blood 全英本科毕业生优秀作品展的一件"年度最佳"作品。该作品主题为"连接",作者巧妙地将"海底电缆"作为表达主题概念的具体承载物,并大胆突破纯二维平面,运用细钉和棉线,钉出一幅"互相连接"的世界地图,不仅与主题文案"915 486 公里的海底电缆联系这世界六大洲"紧密对接,而且通过材质的巧妙运用,增加了画面主体形象的趣味性和直观性。

图 6-6　2012 年度 D&AD New Blood 年度最佳作品 1

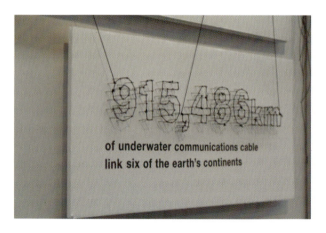

图 6-7　2012 年度 D&AD New Blood 年度最佳作品 2

2. 材质肌理的运用

肌理质感通常更容易引起人们视觉和触觉上的兴趣,一是因为其更具有直观性和具体细节性,二是因为其具有了一定的空间形态感,因而更能触发受众的感知欲望。当然在运用材质肌理进行广告创意时,不仅要注重材质肌理与主题内容的内在联系,而且要遵从形式美的一般法则,将肌理作为画面元素之一进行统筹设计,不能只要肌理而忽视美感。如图 6-8 至图 6-12 所示是一则关于保护植物物种的广告。画面中,将小草叶子平铺成招贴主题文字。草叶肌理在形成独特视觉感受的同时,也让观赏者产生了触碰自然、贴近自然的情怀。且随时间的推移,草叶颜色也会由绿变黄,最终枯萎,从而引发人们对环境问题与自然物种存在状况的关注与思考。在这则广告中,巧妙之处就在于合理适度地运用了相关材质,与主题内容直接挂钩。既形象直观,又生动有趣。还可以看到一些利用材质肌理来展现极端话题的广告作品。如图 6-13 所示是一则主题为"一件皮草,千针万痛"的户外广告,设计者大胆地用针组成各种动物形象,以引发观者对于"被活剥滋味"的体会与思考,直观、通感。又如图 6-14 所示,同样也是来自于 2012 年度英国 D&AD New

Blood 作品展的一件学生作品。其主题为"积尘",讨论的是人的生活空间中存在着各种各样的灰尘和污物,它们因微小而容易被我们忽视,但却有可能给人们带来各种健康问题。设计者为了体现它们的存在感,大胆地使用了这些积尘和污物的实物,通过实物材质来构成一个显性的、令人反胃的视觉形象。当然,设计师在更多时候是利用材质特有的质感和肌理激发受众的愉悦感受。如图 6-15 所示,是麦当劳的一则公交站亭广告。通常情况下,看到更多的是各种平面海报,但在这则广告中,设计师却在海报的另一面大胆地使用了特种材质,将整个画面塑造成一个大草莓的表面,用以增加逼真度和诱惑力,以突出广告主题——真的水果饮品。面对这样的广告,路过和候车的人们都忍不住上前仔细观看,用手触摸。通过互动,也使品牌产品的识别度和记忆度大幅提升。

图 6-8　保护植物物种广告 1

图 6-9　保护植物物种广告 2

图 6-10　保护植物物种广告 3

图 6-11　保护植物物种广告 4

图 6-12　保护植物物种广告 5

图 6-13 反皮草公益广告

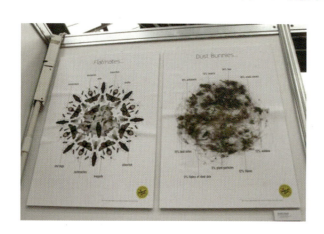

图 6-14 2012 年度 D&AD New Blood 作品 1

图 6-15 麦当劳公交站亭广告

3. 空间结构的运用

有些时候,在利用材质进行画面建构时,会有意识地利用可能产生的空间感和结构感,以突出主题。如图 6-16 所示是一则 3D 电视的广告创意。广告诉说的是,新的技术正在创造一个新的现实:采用全高清 LCD 技术的新一代 Loewe 3D 电视将二维转化为三维。围绕这样一个主题,设计师巧妙地利用纸材蜷曲所产生的空间与光影效果,并依托于字母结构,将二维影像转化为三维造型,非常贴切地吻合于主题。又如图 6-17 和图 6-18 所示,是一则题为"WiFi 穿梭于我们之中"的海报,该作品关注的是一个非常有趣同时也是非常现实的话题,即:无线电技术对我们的社会发展产生了非常重大的影响,但是无线电是非物质的,因此感受不到它的形状或组成及它产生的影响。设计师希望通过对这个事实的陈述来引发受众的关注与思考。而他首先需要解决的就是借助于一个有形、有空间感的载体来表达无形的无线电,因此,就看到了作品中用木块组合成的字母形象,规则的形态寓意着技术,而高低的起伏则意味着无线电本身的透射性和不可捉摸性。

图 6-16 3D 电视广告

图 6-17　2012 年度 D&AD New Blood 作品 2　　图 6-18　2012 年度 D&AD New Blood 作品 3

事实上,在二维平面上进行空间结构的构建,有利于增强画面层次感,使广告创意突破纯二维的空间制约,具有光影参与性和体积感知性。这是实现作品视觉厚度、增强画面视觉趣味的有效途径和手段。如图 6-19 至图 6-22 所示是设计师对特定形态结构下的纸材在光的干涉下产生空间感和光影层次的实践探索,虽然不针对具体的话题,但仍能给设计创意带来一些启示。在设计作品中,当画面主体形象由原来的二维平面转为三维空间后,往往会在一定程度上突破人们的视觉预期,而给人以新鲜和独特的心理感受。在图 6-23 所示的设计作品中,设计师将画面的主体形象"飞机"割开折叠起来,形成局部的空间结构,增强了画面的趣味性。如图 6-24 和图 6-25 所示,是一则反映区域生态多样性的海报,作品同样是通过对材质结构的塑造,产生了画面趣味。一方面,通过复杂多样的形态结构和色彩关系呼应主题;另一方面,通过非平面的空间结构增强视觉力度。又如图 6-26 和图 6-27 所示是一则表现非洲语言多样性的海报,同样也是采用了空间形态,通过形态体量大小来表达目前使用该语言的人数多少。锥形本身就具有声音发散感,而四面的结构又很好地成为相关信息文字的载体,具有很强的视觉力度和信息可读性。类似的例子还有很多,在这里就不再一一赘述(见图 6-28 和图 6-29)。在现代的广告创意中,材质的运用变得越来越丰富,在很多情况下,已经不再受画面所限,而是广泛地参与到空间结构的构建中,成为与画面视觉元素相呼应的空间体量。在日本著名的前卫艺术家草间弥生(见图 6-30)2012 年英国泰特美术馆个展的外场空间设计中,就可以看到这种手法的运用。设计中,代表着艺术家一贯创作手法的波点成为空间构建的主体元素。值得注意的是,设计师将波点同时置入墙面上和半空中,使二维与三维形成了呼应,使艺术家的气质弥漫到了整个空间中(见图 6-31 和图 6-32)。

图 6-19　实践探索 1

图 6-20　实践探索 2

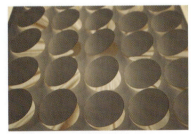

图 6-21　实践探索 3

图 6-22　实践探索 4

图 6-23　设计作品

图 6-24　生态多样性海报 1

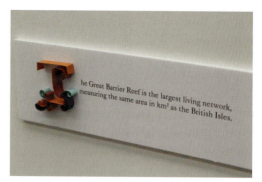
图 6-25　生态多样性海报 2

图 6-26　非洲语言多样性海报 1

图 6-27　非洲语言多样性海报 2

图 6-28　海报 1

图 6-29　海报 2

图 6-30　草间弥生

图 6-31　草间弥生个展外场空间 1

图 6-32　草间弥生个展外场空间 2

第 7 章
广告创意训练及实践

在本课程的学习中,设计实践是不可或缺的一个重要环节。因此,这门课的重点就在于在向读者讲授创意原理的同时,以特定主题为依托,引导他们熟练运用相关原理和思维方法进行设计创意。具体来说,主要从以下三个方面进行创意训练。①提高解读力。解读力是对客观事物和设计主题的理解能力。要想在设计任务中产生好的想法,首先就要强化对主题及与主题相关事物的理解,当理解呈现出多层面时,创意方向也才有可能是多向度的。②提升创意力。读者不仅仅要学会遵循正确的创意思路找到诠释主题的途径,更要学会围绕同一问题找到尽可能多的解决方案,只有这样,创意才有可能更独特。③强化表现力。在对主题有了正确的理解和好的想法后,对其进行视觉表现也是创意实现中很重要的一步。如果表现方法得当,则会增强创意力度,甚至对于有些设计而言,表现手法本身就是创意。但如果表现手法不得当,则会削弱作品本该具有的创意性,有时甚至还会引起受众的厌恶感和排斥行为。本课程在做到这三方面的同时,也注重从画面感意识与媒介认识能力两点上,培养与完善学生的创意呈现能力。在课程中,设置了多个具有针对性的设计训练与实践环节,通过由浅入深、逐层推进的方式,引导读者逐步建立起一套完整的创意思维方法与手段。

一、解读力训练

解读力训练,既包括形象思维训练,又包括形象观察训练。比如思考题——准确描述血液的颜色,就是要求读者能够在全面思考的过程中,将各种状况、各种类别、各种情境中的血液颜色进行准确描述。事实证明,大部分学生在面对这样的命题时,最初都不能做出全面回答,而是将血液的颜色自行限定在了人类血液范畴中及对于动脉、静脉血液的区别中。事实上,对于这个命题,需要分层次作答。通常来说,人类的血液是红色的,血液的红色来自红细胞内的血红蛋白,血红蛋白含氧量多时呈鲜红色(动脉血),含氧量少时呈暗红色(静脉血)。通常献血抽的是静脉血,所以外观看上去呈暗红色。但并非所有人的血液都是红色的,比如常说的"蓝血人",并非只是小说中的虚构概念,而是客观地存在于现实世界中。蓝血人种是一种浑身呈蓝色的稀有人种,可称作蓝血人或蓝色人。现存的蓝色人种生活在智利山区接近6 000米海拔的偏远地区。至于人种形成原因,则是因为蓝血人世世代代生活在高海拔的严寒环境,山上终年积雪,气温常维持在零下45～50 ℃之间,空气含氧量偏低。他们的身体为了获得足够的氧气保持正常体温和抵御寒冷,体内会大量形成血红素,而过量的血红素会使皮肤呈偏蓝色。

此外,在动物界中,除了红色血液外,很多海洋软体动物和一些蠕虫是绿色血液,这是因为血绿蛋白的存在。血绿蛋白的构造与血红蛋白相仿,只是血液中所含的不是铁,而是氧化亚铁。还有一些动物,像蜘蛛、蝎子、虾、贝类、章鱼等动物,它们的血液是青色的。这是因为这些动物血液的色素含有铜,血细胞中含血青蛋白。

在通常情况下,创意往往是来自于对普通事物的独特理解和呈现。因此,对于任何命题,都应该以一种比常规解读更为宽泛的解读方式去回应。只有这样,才能够在一些常被忽视的细节中找到创意的萌芽。

在解读力训练中,还有一个很重要的内容是形象观察与组织训练,比如会让读者完成下列练习:尝试寻找生活中具有相同或相似形式的物像3组(每组3个),并用线稿形式对其进行图形表达。该练习的目的是让读者学会有意识地关注客观事物,发现事物间的内在联系,并能根据设计主题需要来组织客观形态。如图7-1所示反映了读者在心电图、绿草、锯齿三者间建立起形态联系的解读思维。原本是三个毫无关联的事物,由于观察者敏锐地捕捉到其局部形态在特殊视角下可能存在的相似性,并通过抽象化、概括,使这种相似性得以显著呈现,因此,三者间基于形态的联系就建立起来了。当然,除了单纯的形态联系外,还特别鼓励读者基于事物间组织关系相似性来建立事物间的联系。如图 7-2 所示展示的是作者对三组事物间潜在联系的认识,即母球与目标球、子弹与鸟、嘴巴与羽毛,在这三组事物间,都存在着"作用与被作用、通过一事物的作用致使另一事物发生形态结构上的分散"的关系。这种相似性就是创意中映射关系建立的前提。就像写文章中比喻的修辞手法一样,创意也就是通过映射关系来间接诠释所指物,以此产生新鲜感。很显然,通过这种组织关系上的相似性建立起的事物间联系要比基于单纯的外在形态相似性所建立起的联系更为生动,因为从相似性的思维跨度上讲,前者要远大于后者。前面的章节中曾提到,创意往往是基于"情理之中,意料之外"而诞生。而相似性就是"情理之中"的展现,大跨度的联系则是"意料之外"的保证。较大的思维跨度,实际上是为创意营造了更大的空间,也容易使创意具有更多出人意料的成分。因此,形象观察与组织训练作为解读力训练中的重要环节,对读者在剖析事物本质过程中逐步掌握创意思维方法而言,具有非常重要的意义(见图 7-3 至图 7-8)。

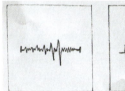 

图 7-1　形象观察与组织训练 1

图 7-2　形象观察与组织训练 2

图 7-3　形象观察与组织训练 3

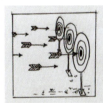  

图 7-4　形象观察与组织训练 4

图 7-5　形象观察与组织训练 5

图 7-6　形象观察与组织训练 6

 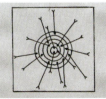 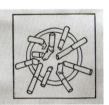

图 7-7　形象观察与组织训练 7

图 7-8　形象观察与组织训练 8

二、画面感训练

由上可知,创意往往来自于对客观事物与自然现象的观察与思考,因此观察与解读能力的提升,是获得创意的关键。同时,还需要学会把一些好的想法通过某种元素形态和形式落实在画面上,通过画面来实现创意信息的传递,来完成作者与观者的交流。因此,画面构建能力,对创意想法的实施而言,也是相当重要的因素之一。在前期的解读力训练过后,引导读者尝试根据前期的草图来构建相对完整的画面,以形成相对成熟的画面感和画面构建意识。

画面感训练,要求读者根据自己的前期创意草图进行创意的画面呈现。如图7-9所示是读者的创意草图线稿。在本课程中,读者会完成大量自定义主题的线描草图,并在老师的指导和评估中,最终确定具有较大发展空间的12个方案。接下来的事情,就是从这12个方案中再选出2~3个,运用软件形成较为完整的创意画面。如图7-10和图7-11所示为根据所选草图方案进行的耐克广告创意画面构建。从这个例子可以明显感受到,最终形成的广告创意画面,较之线稿草图而言,无论是画面元素,还是画面形式感,都在作者对于原始想法的反复推敲和老师的不断引导中,变得更加丰富和饱满。在画面的推导过程中,画面产生了层次感,元素间也有了主次之分和相互间的呼应、对比。因此,主题也就在一种顺畅、自然的画面情节中得到了适度的凸显。又如图7-12所示是另一幅创意草图。在画面感训练中,作者不仅将草图形象较好地转化为画面元素,而且也对画面文案进行了充分推敲(见图7-13),使之形成了对主题的诙谐诠释。同时,作者也注重在画面形成过程中不断对原有思路进行调整,以使主题更为明确。更值得一提的是,由于合理利用了画面空间,因而形成了具有很强趣味性的画面情节和视觉形象(见图7-14)。

有些草图,在升级为画面时,如果在构图与画面元素选择上处理得当的话,是能够焕发出在草图上难以展现的气息的。草图线稿,反映出作者对偶发生活小细节的关注与敏锐捕捉,在此基础上,通过讲究的构图与画面元素营造,不仅展现出偶然中的趣味性,而且表达了一种对于生活的热爱与愉悦的情愫(见图7-15至图7-18)。

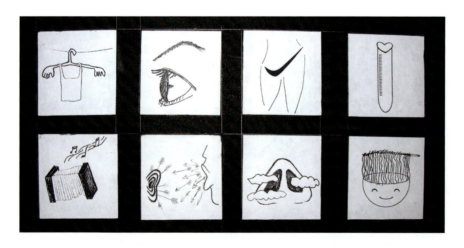

图7-9　创意草图线稿1(作者:黄钰涵)

图7-10　画面感训练1
(作者:黄钰涵)

图 7-11　画面感训练 2(作者:黄钰涵)

图 7-13　画面感训练 3(作者:鲁菲菲)

图 7-14　画面感训练 4(作者:鲁菲菲)

图 7-15　创意草图线稿 3(作者:张艳芬)

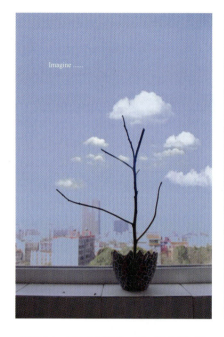

图 7-16　画面感训练 5(作者:张艳芬)　　图 7-17　画面感训练 6(作者:张艳芬)　　图 7-18　画面感训练 7(作者:张艳芬)

可见,画面感训练非常有助于读者画面组织能力和审美能力的提升。画面,是创意想法的载体,当需要向受众传递关于某些产品或服务的信息时,通常会借助于可能激发受众注意力和兴趣的创意想法,而当向受众展现这些创意想法时,就需要构建好一个符合受众喜好和审美的画面。同样的想法,不同的画面,会给人带来完全不同的感受,因此,画面感训练,对创意呈现来说,是相当重要的一个步骤。在这个环节上,读者会通过相当数量的训练,来逐步建立起画面感和画面意识,从而为后面的训练打好基础(见图 7-19 至图 7-26)。

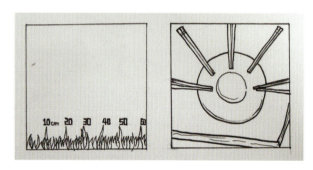

图 7-19　创意草图线稿 4(作者:梁田田)　　　　图 7-20　画面感训练 8(作者:梁田田)

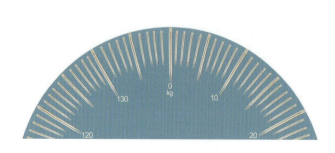

图 7-21　画面感训练 9(作者:梁田田)　　　　图 7-22　创意草图线稿 5(作者:张亚雯)

图7-23　画面感训练10(作者:张亚雯)

图7-24　创意草图线稿6(作者:付淑兰)

图7-25　画面感训练11(作者:付淑兰)

图7-26　画面感训练12

(作者:付淑兰)

三、创意力训练

　　创意能力的高低,主要体现在是否能够从不同方向展开对主题的诠释和探讨,又是否能根据所选方向提出多方案来进行创意构想。因此,创意力训练,也主要围绕这两个层面来进行。第一步,对主题进行很好的解读,将主题拓展为具有广度的多方向概念。比如:以"共存"为主题,进行海报的创意设计。"共存",是对于两者或多者间关系状态的描述,有人与自然的共存,也有人与社会的共存;有文化与发展的共存,也有文化与文化的共存等。这样,"共存"就被分成了多方向。第二步,即在选定的方向上进行创意构想,如图7-27所示,就是题为"呼吸的责任"、反映人与自然共存的海报。很显然,从共存—人与自然—呼吸的责任,一个大而抽象的主题在一步一步被缩小、被具体化,最终落实为由圆点构成的"人脸与树冠"、由曲线构成的"世界地图与树根"的复合形象。由此看来,从某种意义上说,创意的一个重要职能就是将大而抽象的道理转化为小而直观的画面趣味。除了从"同呼吸"的角度去诠释外,就"人与自然"的主题方向,还可以从很多其他的角度来表现。比如:保护森林、禁止滥伐(见图7-28至图7-30),保护水资源(见图7-31和图7-32),保护野生动物(见图7-33至图7-39),关注温室效应、降低碳排放(见图7-40和图7-41),资源与能源问题(见图7-42和图7-43)等。

图7-27 人与自然共存海报1(作者:王坦)

图7-28 人与自然共存海报2(作者:王坦)

图7-29 人与自然共存海报3(作者:鲁菲菲)

图7-30 人与自然共存海报4(作者:付淑兰)

图7-31 人与自然共存海报5(作者:付淑兰)

图7-32 人与自然共存海报6(作者:刘光明)

图7-33 人与自然共存海报7(作者:刘建家)

图7-34 人与自然共存海报8(作者:刘建家)

图 7-35　人与自然共存海报 9（作者：刘建家）

图 7-36　人与自然共存海报 10
（作者：张艳芬）

图 7-37　人与自然共存海报 11
（作者：梁田田）

图 7-38　人与自然共存海报 12（作者：钟飞）

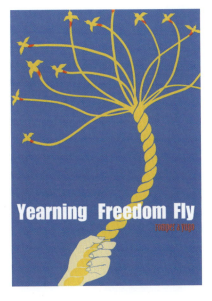

图 7-39　人与自然共存海报 13
（作者：王诗卉）

图 7-40　人与自然共存海报 14
（作者：薛遥）

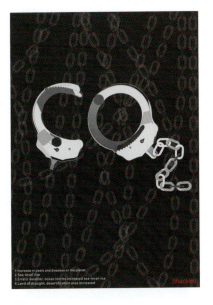

图 7-41　人与自然共存海报 15
（作者：薛遥）

图 7-42　人与自然共存海报 16
　　　　（作者：付淑兰）

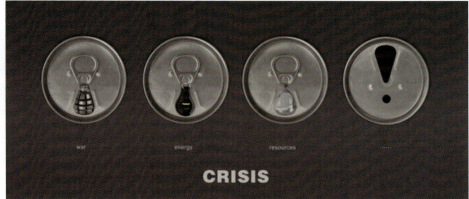

图 7-43　人与自然共存海报 17（作者：刘建家）

多年来设计界也一直在通过自己的方式探讨人与自然的关系问题，因此也更容易将"共存"主题解读为人与自然的共存。事实上，人与社会、人与人、国与国、文化与发展、文化与文化之间都可以作为对"共存"的解读，也都可以成为设计的关注对象。因此，在创意力训练中，应引导读者从多方向进行创意思考。如图 7-44 和图 7-45 所示即是以文化与社会发展的关系作为讨论话题，将两者目前矛盾关系的集中体现"拆"挖掘出来，并作为作品的主要创意点和画面的主体元素。作者巧妙地利用汉字结构，将"胡同""弄堂"等城市传统文化遗产留存的代表与"拆"这一城市发展建设过程中的必然手段，以汉字元素进行并置，生动展现了两者矛盾的存在，同时引发观者对于文化与发展关系的思考。又如图 7-46 所示是从"文化侵略"角度展开对于全球化背景下文化与文化间共存关系的探讨。作者用"可乐瓶"这一大众熟知的形象与子弹的并置，来指代强势入侵的西方文化，很贴切地说明，强势西方文化，就如同涌进中国市场的这些洋饮料、洋食品一样，在不知不觉中，正在替换和改变着中国人的传统生活方式、价值观、好恶观等。再如图 7-47 和图 7-48 所示是从社会中人与人关系的角度展开对"共存"的解读。以"沟通"作为共存手段，以"接"和"解"作为沟通方式，最终达到"和谐"的共存状态，这是作者的立意所在。设计中，利用电源和锁链分别指代人与人关系中的支持与隔阂，通过"接"获得更多支持，通过"解"消除最大隔阂。

图 7-44　文化与社会发展关系
　　　　海报 1（作者：何资延）

图 7-45　文化与社会发展关系
　　　　海报 2（作者：何资延）

图 7-46　文化入侵海报
　　　　（作者：何资延）

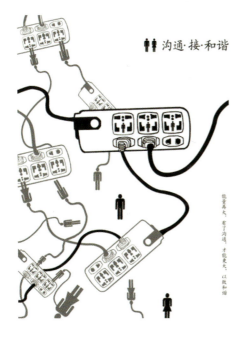
图 7-47　人与人和谐共存海报 1
（作者：黄钰涵）

图 7-48　人与人和谐共存海报 2
（作者：黄钰涵）

由上可见，当读者习惯从多方向进行主题解读后，实际上是为自己赢得了更大的创意空间，同时，从不同方向对同一主题进行视觉创意表达，对拓宽思路、活跃思维，都有着极大的帮助。

四、表现力训练

广告能吸引人，关键在于广告画面能在第一时间抓住受众眼球。有一些广告，尽管创意很好，但由于在画面表现上做得不尽如人意，因此没能得到受众青睐，以致达不到预期的广告效果。好的表现手法和独特的画面元素不仅能起到支撑创意的作用，而且在很多情况下就是创意的重要组成部分。因此，对于表现力的训练，也是广告创意课程中不可缺少的重要内容。

在表现力训练中，首先引导读者学会运用不同的表现手法对同一主题进行画面表达。比如，对反战主题，就可以运用图形、手绘、位图等不同手法表现创意想法、建立画面风格。如图 7-49 所示是一幅题为"凋谢"的反战招贴，作品中的炮弹和鲜花本是性质相反的一对事物，分别象征着战争与和平。设计者将两者形态高度概括化，并在此基础上形成了一个简约的同构图形，寓意着这对矛盾统一体的转换，也警示着人们，对和平的破坏不仅仅如鲜花凋谢般让人遗憾，更会有引发战争的危险。又如图 7-50 所示的题为"无'核'"的反战招贴，其表现手法较之前者就有很大差异。作者巧妙地"用此核喻彼核"，从而将一个通常以严肃面貌出现的话题以一种幽默诙谐的方式呈现出来，这是一种生活化的口吻，更容易将一些大事件、大道理置入大众的日常关注中。因此在表现手法上，也是以全写实的位图方式进行展现，从而使创意想法和表现手法两者在画面感上得以统一。相同的手法也在图 7-51 所示的反战招贴设计中得以体现，同样是以一种平实的视角和微小的生活细节来讲述大故事。当然，除此之外，手绘也是一种能够有效化解严肃话题距离感的选择，如图 7-52 所示，就是以意象的方式，通过绘画手段，既展现人们一种"化干戈为玉帛"的美好愿景，又表达人们对于生命的热爱。手绘表现方式不仅能营造轻松、人性的画面风格，而且能强化画面故事情节性，增大想象空间。如图 7-53 所示，作者巧妙地利用美国国旗上的原有形态结构，运用手绘方式，将画面塑造成一个星空下的战地场景。尽管没有出现士兵的人物形象,但我们也立刻能够从道具、场景所营造的画意中,感受到一种思乡和厌战的情绪。又如图7-54所示是一幅题为"公开与真相"的海报设计,同样是手绘涂鸦方式,在看似不经意间,巧妙地以正负形关系,将"蒙蔽""掩盖""知情权利"等关于主题的核心概念生动呈现出来,手法放松而结构严谨,形式简洁而主题凸显。

图 7-49　反战招贴 1(作者:薛遥)

图 7-50　反战招贴 2(作者:范美琳)

图 7-51　反战招贴 3(作者:常坤)

图 7-52　反战招贴 4(作者:齐琪)

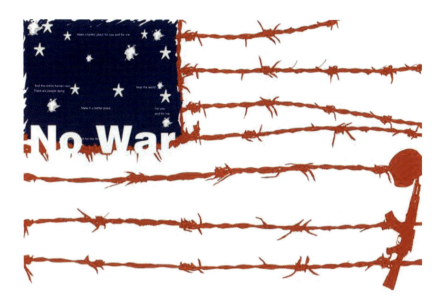
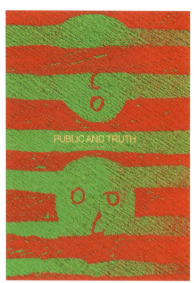

图 7-53　反战招贴 5（作者：刘冬常）　　　　　图 7-54　"公开与真相"招贴（作者：刘冬常）

由此可见，不同的表现手法，是可以构建起不同的画面性格的，也是可以带给人不同的感受与期望的。选择什么样的表现手法，一方面取决于主题类型，另一方面更取决于设计师的表现意图与定位主张。当然，这些还需建立在对受众喜好和理解力的全面了解基础上。

五、媒介创意训练

广告媒介的多样性决定了广告创意的展现形式也是多种多样的。因此，在进行广告创意时，一定要依托于媒介特点，学会利用各种结构、空间、位置与环境等因素，为创意增加趣味性。同样是面对主题"公开与真相"，在对其进行了透彻剖析之后，设计者找准画面情节与媒介载体结构间的契合点，进行了颇具创意的设计。比如合理利用信封的沿盖和手提袋的拉绳，对画面中的眼睛进行遮挡（见图 7-55 至图 7-57）；再比如利用灯箱布破损处显露的人脸形象，表达一种挣脱与呼之欲出的呐喊声音（见图 7-58）；又比如利用包装盒的盖口，盖住包装上印制的人物嘴巴等（见图 7-59 和图 7-60）。通过合理利用载体结构，既使主题内容得到了有效表达，又使原本普通的各种媒介载体具有了视觉趣味性。如图 7-61 所示是一幅题为"关注留守儿童"的公益招贴设计，画面中的一架纸飞机和黑暗中的一双大眼睛成为反映留守儿童内心孤独、渴望关爱的主要形态。因此，作者在进行书签设计时，合理利用了折纸结构，既突出了重点，又产生了小情趣（见图 7-62 和图 7-63）。又如图 7-64 至图 7-66 所示是一组以环境保护为题材的户外广告设计。作者充分利用了户外广告牌的结构特征，并将其作为画面创意实现的重要组成部分，因此，使得最终的广告具有了突破纯平面的强烈空间感，既形象又生动。

除了上述媒介载体外，很多同学也尝试着在光盘上进行创意设计。光盘在形态上具有显著的特点，圆环状的画面，可能会成为设计束缚，更有可能成为创意来源（见图 7-67 至图 7-71）。

图 7-55　媒介创意训练1(作者:张亚杰)　　　　图 7-56　媒介创意训练2(作者:张亚杰)

图 7-57　媒介创意训练3(作者:张亚杰)　　　　图 7-58　媒介创意训练4(作者:张亚杰)

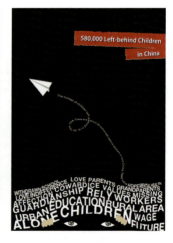

图 7-59　媒介创意训练5(作者:张亚杰)　　图 7-60　媒介创意训练6(作者:张亚杰)　　图 7-61　媒介创意训练7
　　(作者:程洁菲)

图 7-62　媒介创意训练 8（作者：程洁菲）

图 7-63　媒介创意训练 9（作者：程洁菲）

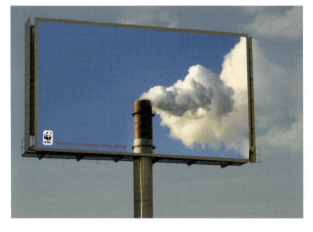
图 7-64　媒介创意训练 10（作者：刘建家）

图 7-65　媒介创意训练 11（作者：刘建家）

图 7-66　媒介创意训练 12（作者：刘建家）

图 7-67　媒介创意训练 13（作者：刘光明）

图 7-68　媒介创意训练 14（作者：刘冬常）

图 7-69　媒介创意训练 15（作者：孙小芳）

图 7-70　媒介创意训练 16（作者：康苗苗）

图 7-71　媒介创意训练 17（作者：范美琳）

参考文献
References

[1] 白光泽,李冬影,张程. 广告设计[M]. 武汉:华中科技大学出版社,2011.
[2] 韩光军. 现代广告学[M]. 北京:首都经济贸易大学出版社,1996.
[3] 吴健安. 市场营销学[M]. 北京:高等教育出版社,2000.